त्रिलोचन

त्रिलोचन का जन्म 20 अगस्त, 1917 को सुल्तानपुर, उत्तर प्रदेश में हुआ। उन्होंने अरबी-फारसी की शिक्षा प्राप्त की। 'साहित्य रत्न' और 'शास्त्री' की उपाधि भी प्राप्त की। काशी हिन्दू विश्वविद्यालय, वाराणसी से अंग्रेज़ी साहित्य में एम.ए. (पूर्वार्द्ध) किया। 1952-53 में गणेशराय नेशनल इंटर कॉलेज, जौनपुर में अंग्रेज़ी के प्रवक्ता रहे। 1967-72 के दौरान वाराणसी में विदेशी छात्रों को हिन्दी, संस्कृत और उर्दू की व्यावहारिक शिक्षा प्रदान की। कई पत्रिकाओं में सम्पादन कार्य किया।

उनकी प्रमुख कृतियाँ हैं–'धरती, गुलाब और बुलबुल', 'दिगन्त', 'ताप के ताए हुए दिन', 'शब्द', 'उस जनपद का कवि हूँ', 'अरघान', 'तुम्हें सौंपता हूँ', 'अनकहनी भी कुछ कहनी है', 'फूल नाम है एक', 'सबका अपना आकाश', 'चैती', 'अमोला', 'मेरा घर', 'जीने की कला' (कविता-संग्रह); 'देशकाल' (कहानी-संग्रह); 'रोज़नामचा' (डायरी); 'काव्य और अर्थबोध' (आलोचना); 'मुक्तिबोध की कविताएँ' (सम्पादन); 'त्रिलोचन रचनावली' (चार खंड)।

उन्हें 'साहित्य अकादेमी पुरस्कार', 'मैथिलीशरण गुप्त सम्मान', हिन्दी अकादेमी (दिल्ली) के 'शलाका सम्मान', 'भारतीय भाषा परिषद सम्मान' (कोलकाता) समेत कई पुरस्कार और सम्मान प्रदान किए गए।

9 दिसम्बर, 2007 को निधन हुआ।

प्रतिनिधि कविताएँ

त्रिलोचन

सम्पादक
केदारनाथ सिंह

सह-सम्पादक
श्याम सुशील

राजकमल पेपरबैक्स

राजकमल पेपरबैक्स में
पहला संस्करण : 1985
संशोधित एवं परिवर्द्धित संस्करण : 2014
पाँचवाँ संस्करण : 2023

राजकमल पेपरबैक्स : उत्कृष्ट साहित्य के जनसुलभ संस्करण

राजकमल प्रकाशन प्रा.लि.
1-बी, नेताजी सुभाष मार्ग, दरियागंज
नई दिल्ली-110 002
द्वारा प्रकाशित

शाखाएँ : अशोक राजपथ, साइंस कॉलेज के सामने, पटना-800 006
पहली मंजिल, दरबारी बिल्डिंग, महात्मा गांधी मार्ग, प्रयागराज-211 001
1, अनमोल सोराबजी संतुक लेन, धोबी तलाव, मरीन लाइंस, मुम्बई-400 002
वेबसाइट : www.rajkamalprakashan.com
ई-मेल : info@rajkamalprakashan.com

बी.के. ऑफसेट
नवीन शाहदरा, दिल्ली-110 032
द्वारा मुद्रित

मूल्य : ₹ 150

PRATINIDHI KAVITAYEN
Representative Poems of Trilochan
Edited by Kedarnath Singh

ISBN : 978-81-267-0256-5

भूमिका

त्रिलोचन का काव्य-व्यक्तित्व लगभग पचास वर्षों के लम्बे काल-विस्तार में फैला हुआ है। परन्तु यह तथ्य कि वे हमारे समय के एक अत्यन्त महत्त्वपूर्ण कवि हैं-लगभग एक अद्वितीय कवि-अभी पिछले कुछ वर्षों में उभरकर सामने आया है और उनके प्रत्येक नए काव्य-संकलन के साथ और गहरा तथा और पुष्ट होता गया है। इसका एक बहुत सीधा और स्थूल कारण तो यह है कि उनकी बहुत-सी महत्त्वपूर्ण काव्य-कृतियाँ पिछले पाँच-छह वर्षों में ही पाठकों के सामने आई हैं। पर जैसा कि मैंने कहा, यह सिर्फ एक स्थूल कारण है। असली कारण है समकालीन हिन्दी-कविता के पाठकों की अभिरुचि में धीरे-धीरे घटित होनेवाला मूलभूत परिवर्तन। हमारे समय के सामाजिक यथार्थ की प्रक्रिया के समानान्तर चुपचाप घटित होनेवाले इस परिवर्तन की छानबीन अलग से की जानी चाहिए और जाहिर है, ऐसा करते समय हमें कविता से बाहर की सच्चाइयों की पड़ताल भी करनी होगी। परन्तु यहाँ न तो उसकी अपेक्षा है, न ही अवकाश। पर कुछ बातों को साफ-साफ लक्ष्य किया जा सकता है-जैसे यह कि पिछले कुछ वर्षों में हमारी सांस्कृतिक चेतना पर पश्चिम का औपनिवेशिक दबाव कम हुआ है, आधुनिकतावाद द्वारा स्थापित तथा प्रस्तावित बहुत-से काव्यमूल्य सन्दिग्ध या अस्वीकार्य लगने लगे हैं और कुल मिलाकर कविता में-और किसी हद तक साहित्य की अन्य विधाओं में भी-अपने यथार्थ के मूल स्रातों से जुड़ने की आकांक्षा प्रबल हुई है। फलतः नगर-केन्द्रित आधुनिक सृजनशीलता और हमारी ग्रामोन्मुख जातीय सृजन-चेतना के बीच का अन्तराल कम हुआ है। इसी बदले हुए माहौल में त्रिलोचन की कविता ने अपनी अर्थवत्ता नए सिरे से अर्जित की है और बृहत्तर पाठक-समुदाय का ध्यान अपनी ओर आकृष्ट किया है।

त्रिलोचन एक विषम धरातलवाले कवि हैं। साथ ही उनके रचनात्मक व्यक्तित्व में एक विचित्र विरोधाभास भी दिखाई पड़ता है। एक ओर यदि उनके यहाँ गाँव की धरती का-सा ऊबड़-खाबड़पन दिखाई पड़ेगा तो दूसरी ओर कला की दृष्टि से एक अद्‌भुत क्लासिकी कसाव या अनुशासन भी। सृजनात्मक अनुशासन का सबसे विलक्षण और रंगारंग रूप उनके सॉनेटों में दिखाई पड़ता है। शब्दों की जैसी मितव्ययिता और शिल्पगत कसाव उनके सॉनेटों में मिलता है, वैसा निराला को छोड़कर आधुनिक हिन्दी कविता में अन्यत्र दुर्लभ है। त्रिलोचन के सॉनेटों के बारे में बहुत-कुछ कहा-सुना गया है। परन्तु इस महत्त्वपूर्ण तथ्य की ओर ध्यान कम दिया गया है कि सॉनेट जैसे विजातीय काव्यरूप को हिन्दी भाषा की सहज लय और संगीत में ढालकर त्रिलोचन ने एक ऐसी नई काव्य-विधा का आविष्कार किया है, जो लगभग हिन्दी की अपनी विरासत बन गई है।

त्रिलोचन जितने मानव-संघर्ष के कवि हैं, उतने ही प्रकृति की लीला और सौन्दर्य के भी। इसीलिए प्रकृति बहुत गहराई तक उनकी कविता में रची-बसी है। प्रकृति के बारे में त्रिलोचन का दृष्टिकोण बहुत-कुछ उस ठेठ भारतीय किसान के दृष्टिकोण जैसा है जो कठिन श्रम के बीच भी उगते हुए पौधों की हरियाली को देखकर रोमांचित होता है। निराला की तरह त्रिलोचन ने भी पावस के अनेक चित्र अंकित किए हैं और बादलों के कठोर संगीत को अपनी अनेक कविताओं में पकड़ने की कोशिश की है। परन्तु ऐसा करते हुए वे किसी विलक्षण सौन्दर्य-लोक का निर्माण नहीं करते, बल्कि अपनी चेतना के किसी कोने में दबे हुए किसान का मानो आह्वान करते हैं–'उठ किसान ओ, उठ किसान ओ, बादल घिर आए।' प्रकृति और जीवन के प्रति यह किसान-सुलभ दृष्टि त्रिलोचन की एक ऐसी विशेषता है, जो सिर्फ उनकी अलग पहचान ही नहीं बनाती, बल्कि उनकी विश्व-दृष्टि को समझने की कुंजी भी हमें देती है।

लगभग यह मान लिया गया है कि त्रिलोचन एक अत्यन्त सहज-सरल कवि हैं–बहुत-कुछ अपने व्यक्तित्व की तरह ही। इससे एक बहुत सीधा-सा निष्कर्ष यह निकाल लिया गया है कि उनके यहाँ आधुनिक बोध की जटिलता का एकान्त अभाव है। जो लोग ऐसा मानते हैं, उनसे मैं आग्रह करूँगा कि इस संकलन में छपी 'रैन बसेरा' कविता को ध्यान से पढ़ें। वस्तुतः त्रिलोचन एक समग्र चेतना के कवि हैं, जिनके अनुभव का

एक छोर यदि 'चम्पा काले काले अच्छर नहीं चीन्हती' जैसी सीधी-सरल कविता में दिखाई पड़ता है तो दूसरा 'रैन बसेरा' जैसी कविता की बहुस्तरीय बनावट में। वास्तविकता यह है कि त्रिलोचन की सहज-सरल-सी प्रतीत होनेवाली कविताओं को भी यदि ध्यान से देखा जाए तो उनकी तह में अनुभव की कई परतें खुलती दिखाई पड़ेंगी।

त्रिलोचन के यहाँ आत्मपरक कविताओं की संख्या बहुत अधिक है। अपने बारे में हिन्दी के शायद ही किसी कवि ने इतने रंगों में और इतनी कविताएँ लिखी हों। पर त्रिलोचन की आत्मपरक कविताएँ किसी भी स्तर पर आत्मग्रस्त कविताएँ नहीं हैं और यह उनकी गहरी यथार्थ-दृष्टि और कलात्मक क्षमता का सबसे बड़ा प्रमाण है। त्रिलोचन अनुभव के इस धरातल तक पहुँचने के लिए जिस कौशल का इस्तेमाल करते हैं, वह खासतौर से ध्यान देने योग्य है। वे अपनी आत्मपरक कविताओं में 'त्रिलोचन' का प्रयोग प्रायः अन्य पुरुष में करते हैं और इस तरह बड़ी कुशलता से अपने 'आत्म' से एक कलात्मक दूरी प्राप्त कर लेते हैं। अपने 'आत्म' के प्रति यह गहरी निर्मम दृष्टि उन्हें एक ऐसी शक्ति प्रदान करती है, जिसके चलते वे मानो अपनी ही धज्जियाँ उड़ाते हैं और फिर उनके मुँह से ऐसी बेलाग और तिलमिला देनेवाली पंक्ति निकलती है-'भीख माँगते उसी त्रिलोचन को देखा कल।' अपने प्रति यह अचूक निर्मम दृष्टि समकालीन साहित्य में कम ही मिलेगी।

भाषा के प्रति त्रिलोचन एक बेहद सजग कवि हैं-एक ऐसे कवि जो अपनी भाषा की समस्त गूँजों और अनुगूँजों को बख़ूबी जानते हैं और एक रचनाकार की हैसियत से उनके प्रति गहरा सम्मान का भाव रखते हैं। यही कारण है कि उनकी कविता में भाषा के विविध धरातल दिखाई पड़ते हैं। वे ठेठ अवध के कवि हैं और फलतः अवधी बोली की सर्जनात्मक क्षमता से खड़ी बोली को अधिक आत्मीय और अधिक व्यंजनाक्षम बनाने के आग्रही कवि भी। परन्तु वे लोकबोली और पंडितों की भाषा के बीच कोई सुविधाजनक सेतु निर्मित करने की कोशिश कभी नहीं करते। इस मानी में उनके आदर्श तुलसीदास हैं, जहाँ कविता एक साथ बोली के सारे ठाट और अभिव्यक्ति की सारी परिचित-अपरिचित भंगिमाओं को अपने भीतर समेटकर चलती है। इसीलिए आप पाएँगे कि त्रिलोचन की कविता में बोली के अपरिचित शब्द जितनी सहजता से आते हैं, कई बार संस्कृत के

कठिन और लगभग प्रवाहच्युत शब्द भी उतनी ही सहजता से कविता में प्रवेश करते हैं और चुपचाप अपनी जगह बना लेते हैं। वस्तुतः त्रिलोचन 'हिन्दी' शब्द से जिस विपुल भाषिक सम्पदा का बोध होता है उसकी सम्पूर्णता को अपनी रचनाशीलता के विविध स्तरों पर पकड़ने और उद्घाटित करनेवाले कवि हैं—एक ऐसे कवि जिनके यहाँ भाषा की श्रेणियाँ नहीं बनाई जा सकतीं।

त्रिलोचन ने बहुत लिखा है। जहाँ तक मुझे ज्ञात है, उनका जितना प्रकाशित है, उतना या कदाचित् उससे अधिक ही अप्रकाशित। जाहिर है, यहाँ केवल उनके प्रकाशित कृतित्व ('धरती' से 'तुम्हें सौंपता हूँ' तक) को ही चयन का आधार बनाया गया है। एक ऐसे कवि के सम्पूर्ण कृतित्व से उसकी प्रतिनिधि कविताओं को छाँट निकालना एक कठिन काम है और चुनौती-भरा भी। मैं यहाँ स्पष्ट करूँ कि इस संकलन को तैयार करने में मेरी पहली कसौटी मेरी अपनी पसन्द ही रही है। मैंने यहाँ कवि के लगभग पचास वर्षों के विस्तार में फैले कृतित्व से उसके सर्वोत्तम को छाँटकर अलग कर लिया है, ऐसा दावा मेरा कदापि नहीं है। हाँ, मैंने एक संकलनकर्ता की पूरी जिम्मेदारी के साथ यह कोशिश जरूर की है कि पुस्तक के इस छोटे-से आकार में त्रिलोचन की कविता के जितने रंग हैं, उनकी थोड़ी-बहुत प्रामाणिक झलक और आस्वाद पाठक को मिल सके।

15.08.1985

—केदारनाथ सिंह

भूमिका

परिवर्द्धित संस्करण के बारे में

कवि त्रिलोचन की प्रतिनिधि कविताओं का प्रथम संस्करण लगभग 28-29 वर्ष पहले आया था और वही अन्य संस्करणों में भी ज्यों-का-त्यों छपता रहा है। काफी समय से अनुभव किया जा रहा था कि इस संकलन का परिवर्द्धन किया जाना चाहिए जो किन्हीं कारणों से संभव न हो सका। प्रस्तुत संस्करण इसी अभाव की पूर्ति की दिशा में किया जानेवाला एक प्रयास है। मेरा मानना है कि किसी भी बड़े कवि का कोई भी चयन अपने आप में पूरा नहीं होता और मामला यदि 'प्रतिनिधि कविताओं' का हो तो इस बात की गुंजाइश और भी बनी रहती है।

इस अंतराल में कवि के महत्त्वपूर्ण सात काव्य-संकलन और आए हैं—'अनकहनी भी कुछ कहनी है' (1985), 'फूल नाम है एक' (1985), 'सबका अपना आकाश' (1987), 'चैती' (1987), 'अमोला' (1990), 'मेरा घर' (2002), 'जीने की कला' (2004)—जिनमें ढेर सारी अच्छी कविताएँ शामिल हैं। प्रस्तुत संस्करण में कुल 25 कविताएँ इन संग्रहों से चुनी गई हैं और इनके साथ-साथ 2 कविताएँ पिछले संग्रहों से भी ली गई हैं। चूँकि चयन की एक निर्धारित सीमा थी इसलिए चाहते हुए भी अन्य अनेक कविताएँ छोड़नी पड़ीं। संकलन का वर्तमान रूप कवि का पूर्ण प्रतिनिधित्व करता है, संपादकों का ऐसा कोई दावा नहीं है। त्रिलोचन ने बहुत लिखा है और काव्य की अनेक शैलियों में लिखा है। रुचिभेद के अनुसार उनके कई चयन बनाए जा सकते हैं।

यह परिवर्द्धित संस्करण सिर्फ एक अभाव की किसी हद तक पूर्ति करता है। इस बीच त्रिलोचन पर बहुत कुछ लिखा-पढ़ा गया है। उसमें त्रिलोचन के काव्य के कई नए पक्षों का उद्‌घाटन हुआ है और कई वे

कविताएँ जो पहले अलक्षित रह गई थीं, पाठकों के सामने पहली बार लाई गई हैं। त्रिलोचन 'निराला' की तरह एक 'बहुवस्तुस्पर्शिणी' प्रतिभा के कवि हैं और इसीलिए उनके यहाँ विविधता बहुत है। बाद वाले संग्रहों में जीवन के अछूते अनुभवों का प्रकाशन पहली बार उनके यहाँ दिखाई पड़ता है खास तौर से 'मेरा घर' और 'जीने की कला' नामक संग्रह में। 'ताप के ताए हुए दिन' के दूसरे संस्करण की भूमिका में कवि ने एक महत्त्वपूर्ण टिप्पणी की थी और वह यह कि कवि जो कुछ करता है वह वस्तुतः 'सामान्य सत्य का विशेषीकरण' होता है। यह त्रिलोचन की अधिकांश अच्छी कविताओं पर सबसे सटीक टिप्पणी हो सकती है। इसी भूमिका में उन्होंने आज के पूरे काव्य-परिदृश्य की एक सीमा की ओर भी संकेत किया था और वह यह कि अभी हिंदी में 'जागरूक पाठक और कवि के मध्य सीधा संबंध दिखाई नहीं पड़ता'। अंत में उन्होंने यह उम्मीद भी जाहिर की थी कि 'शायद वह आगे कभी हो'।

मुझे लगता है कि पिछले कुछ वर्षों में त्रिलोचन की कविता और हिंदी पाठक के बीच वह संबंध अधिक गहरा हुआ है और उनके काव्य-व्यक्तित्व की समकालीन हिंदी कविता पर पड़ती लम्बी परछाईं को भी देखा-परखा जाने लगा है।

अपनी एक बाद की कविता में उन्होंने स्वयं पर एक मार्मिक टिप्पणी की थी—

मैंने करने जैसा
क्या कोई काम किया
शब्द ही तो थे केवल
खेलता रहा जिनसे
मैं जी-भर
कुछ होंगे आगे भी
जिनका नाता होगा शब्दों से
वे ही उन शब्दों को देखेंगे
जिन्हें मैंने
बाँधा है।

16.02.2014

—केदारनाथ सिंह

अनुक्रम

तुम्हें सौंपता हूँ

फूल मेरे जीवन में आ रहे हैं

सौरभ से दसों दिशाएँ
भरी हुई हैं
मेरा जी विह्वल है
मैं किससे क्या कहूँ

आओ,
अच्छे आए समीर,
ज़रा ठहरो
फूल जो पसन्द हों, उतार लो
शाखाएँ, टहनियाँ,
हिलाओ, झकझोरो,
जिन्हें गिरना हो गिर जाएँ
जाएँ जाएँ

पत्र-पुष्प जितने भी चाहो
अभी ले जाओ
जिसे चाहो, उसे दो
लो
जो भी चाहो लो

एक अनुरोध मेरा मान लो
सुरभि हमारी यह
हमें बड़ी प्यारी है
इसको सँभालकर जहाँ जाना
ले जाना

इसे
तुम्हें सौंपता हूँ।

['तुम्हें सौंपता हूँ' से]

ध्वनिग्राहक

ध्वनिग्राहक हूँ मैं। समाज में उठने वाली
ध्वनियाँ पकड़ लिया करता हूँ। इस पर कोई
अगर चिढ़े तो उसकी बुद्धि कहीं है खोई
कहना यही पड़ेगा। अगर न हो हरियाली

कहाँ दिखा सकता हूँ? फिर आँखों पर मेरी
चश्मा हरा नहीं है। यह नवीन ऐयारी
मुझे पसन्द नहीं है। जो इसकी तैयारी
करते हों वे करें। अगर कोठरी अँधेरी

है तो उसे अँधेरी समझाने–कहने का
मुझको है अधिकार। सिफारिश से, सेवा से
गला सत्य का कभी न घोटूँगा। मेवा से
बरंब्रूहि न कहूँगा और न चुप रहने का।

लड़ता हुआ समाज, नई आशा अभिलाषा,
नए चित्र के साथ नई देता हूँ भाषा।

['दिगन्त' से]

फेरीवाला

सपने लो सपने लो
मीठे–मीठे सपने
अच्छे–अच्छे सपने
अपने मन के सपने
सपने लो

सपनों से ही मेरी झोली भरी हुई है–
घर के बाहर के

पास के पड़ोस के
देस के बिदेस के
भूखे ग्रहलोक के
नदी के समुद्र के
जहाज के विमान के
पर्वत के बादल के
मुक्ति के विधान के
–सपने लो, मन चीते सपने लो

जिसका विश्वास टूट गया हो
साथ और कोई न हो
वह मेरे सपने ले
जिसका बल, अवसर पर धोखा दे जाता हो
वह मेरे सपने ले
जिसको कुछ करने की, भलीभाँति जीने की, इच्छा हो
वह मेरे सपने ले
जिसको इच्छा-मरण पसन्द हो चला आए
वह मेरे सपने लें

गाँव-गाँव नगर-नगर गली-गली डगर-डगर
मैं पुकार रहा हूँ : सपने लो सपने लो
नए-नए सपने लो, अच्छे-अच्छे सपने लो
सपने लो।

['तुम्हें सौंपता हूँ' से]

भाषा की लहरें

भाषाओं के अगम समुद्रों का अवगाहन
मैंने किया। मुझे मानव-जीवन की माया
सदा मुग्ध करती है, अहोरात्र आवाहन
सुन-सुनकर छाया-धूपा, मन में भर लाया
ध्यान एक से एक अनोखे। सबकुछ पाया
शब्दों में, देखा सबकुछ ध्वनि-रूप हो गया।

मेघों ने आकाश घेरकर जी भर गाया।
मुद्रा, चेष्टा, भाव, वेग, तत्काल खो गया,
जीवन की शय्या पर आकर मरण सो गया।
सबकुछ सबकुछ सबकुछ सबकुछ सबकुछ भाषा।
भाषा की अंगुलि से मानव हृदय टो गया
कवि मानव का, जगा गया नूतन अभिलाषा।

भाषा की लहरों में जीवन की हलचल है,
ध्वनि में क्रिया भरी है और क्रिया में बल है।

['दिगन्त' से]

आत्मालोचन

शब्द,
मालूम है,
व्यर्थ नहीं जाते हैं

पहले मैं सोचता था
उत्तर यदि नहीं मिले
तो फिर क्या लिखा जाए
किन्तु मेरे अन्तरनिवासी ने मुझसे कहा–
लिखा कर
तेरा आत्मविश्लेषण क्या जाने कभी तुझे
एक साथ सत्य शिव सुन्दर को दिखा जाए

अब मैं लिखा करता हूँ
अपने अन्तर की अनुभूति बिना रँगे–चुने
कागज पर बस उतार देता हूँ।

['तुम्हें सौंपता हूँ' से]

शब्दों से कभी-कभी काम नहीं चलता

शब्दों से कभी–कभी काम नहीं चलता

जीवन को देखा है
यहाँ कुछ और

वहाँ कुछ और
इसी तरह यहाँ-वहाँ
हर दम कुछ और
कोई एक ढंग सदा काम नहीं करता

तुमको भी चाहूँ तो
छूकर तरंग
पकड़ रखूँ संग
कितने दिन कहाँ-कहाँ
रख लूँगा रंग

अपना भी मनचाहा रूप नहीं बनता।

['ताप के ताये हुए दिन' से]

क्रम

पीछे उषाएँ हैं
और आगे सन्ध्याएँ पंक्तिबद्ध
बीच में मैं मेरा आकाश।

['अरघान' से]

नदी : कामधेनु

नदी ने कहा था : मुझे बाँधो
मनुष्य ने सुना और
तैरकर धारा को पार किया।

नदी ने कहा था : मुझे बाँधो
मनुष्य ने सुना और
सपरिवार धारा को
नाव से पार किया।

नदी ने कहा था : मुझे बाँधो
मनुष्य ने सुना और
आखिर उसे बाँध लिया

बाँधकर नदी को
मनुष्य दुह रहा है

अब वह कामधेनु है।

['ताप के ताये हुए दिन' से]

उनका हो जाता हूँ

चोट जभी लगती है
तभी हँस देता हूँ
देखने वालों की आँखें
उस हालत में
देखा ही करती हैं
आँसू नहीं लाती हैं

और
जब पीड़ा बढ़ जाती है
बेहिसाब
तब
जाने-अनजाने लोगों में
जाता हूँ
उनका हो जाता हूँ
हँसता हँसाता हूँ।

['अरघान' से]

सॉनेट का पथ

इधर त्रिलोचन सॉनेट के ही पथ पर दौड़ा
सॉनेट सॉनेट सॉनेट सॉनेट क्या कर डाला
यह उसने भी अजब तमाशा। मन की माला
गले डाल ली। इस सॉनेट का रस्ता चौड़ा

अधिक नहीं है। कसे-कसाए भाव अनूठे
ऐसे आएँ जैसे किला आगरा में जो
नग है, दिखलाता है पूरे ताजमहल को।

गेय रहे एकान्वित हो। उसने तो झूठे
ठाट-बाट बाँधे हैं। चीज किराए की है।
स्पेंसर, सिडनी, शेक्सपियर, मिल्टन की वाणी
वर्ड्सवर्थ, कीट्स की अनवरत प्रिय कल्याणी
स्वर-धारा है। उसने नई चीज क्या दी है!

सॉनेट से मज़ाक भी उसने ख़ूब किया है,
जहाँ-तहाँ कुछ रंग व्यंग का छिड़क दिया है।

['दिगन्त' से]

वही त्रिलोचन है

वही त्रिलोचन है वह—जिसके तन पर गन्दे
कपड़े हैं। कपड़े भी कैसे—फटे-लटे हैं
यह भी फ़ैशन है, फ़ैशन से कटे-कटे हैं।
कौन कह सकेगा इसका यह जीवन चन्दे
पर अवलम्बित है। चलना तो देखो इसका—
उठा हुआ सिर, चौड़ी छाती, लम्बी बाँहें,
सधे क़दम, तेज़ी, वे टेढ़ी-मेढ़ी राहें
मानो डर से सिकुड़ रही हैं, किसका किसका
ध्यान इस समय खींच रहा है। कौन बताए,
क्या हलचल है इसके रुँधे-रुँधाए जी में
कभी नहीं देखा है इसको चलते धीमे।
धुन का पक्का है, जो चेते वही चिताए।
जीवन इसका जो कुछ है पथ पर बिखरा है,
तप-तपकर ही भट्ठी में सोना निखरा है।

['उस जनपद का कवि हूँ' से]

चीर-भरा पाजामा

चीर-भरा पाजामा, लट-लट कर गलने से
छेदोंवाला कुर्ता, रूखे बाल, उपेक्षित
दाढ़ी-मूँछ, सफाई कुछ भी नहीं, अपेक्षित

यह था वह था, कौन रुके ठहरे, ढलने से
पथ पर फ़ुर्सत कहाँ। सभा हो या सूनापन
अथवा भरी सड़क हो। जन-जीवन-प्रवाह से,
झिझक कहीं भी नहीं, कहीं भी समुत्साह से
जाता है। दीनता देह से लिपटी है, मन
तो अदीन है। नेत्र सामना करते हैं, पथ
पर कोई भी आए। ओजस्वी वाग्धारा
बहती है, भ्रम-ग्रस्त जनों को पार उतारा
करती है, खर आवर्तों में ले-लेकर मथ
देती है मिथ्याभिमान को। यही त्रिलोचन
है, सबमें, अलगाया भी, प्रिय है आलोचन।

['उस जनपद का कवि हूँ' से]

उस जनपद का कवि हूँ

उस जनपद का कवि हूँ जो भूखा-दूखा है,
नंगा है, अनजान है, कला-नहीं जानता
कैसी होती है क्या है, वह नहीं मानता
कविता कुछ भी दे सकती है। कब सूखा है
उसके जीवन का सोता, इतिहास ही बता
सकता है। वह उदासीन बिलकुल अपने से,
अपने समाज से है; दुनिया को सपने से
अलग नहीं मानता, उसे कुछ भी नहीं पता
दुनिया कहाँ से कहाँ पहुँची; अब समाज में
वे विचार रह गए नहीं हैं जिनको ढोता
चला जा रहा है वह, अपने आँसू बोता
विफल मनोरथ होने पर अथवा अकाज में।
धरम कमाता है वह तुलसीकृत रामायण
सुन-पढ़कर, जपता है नारायण नारायण।

['उस जनपद का कवि हूँ' से]

भीख माँगते उसी त्रिलोचन को देखा कल

भीख माँगते उसी त्रिलोचन को देखा कल
जिसको समझे था है तो है यह फौलादी।
ठेस-सी लगी मुझे, क्योंकि यह मन था आदी
नहीं, झेल जाता श्रद्धा की चोट अचंचल,
नहीं सँभाल सका अपने को। जाकर पूछा,
'भिक्षा से क्या मिलता है।' 'जीवन।' 'क्या इसको
अच्छा आप समझते हैं।' 'दुनिया में जिसको
अच्छा नहीं समझते हैं करते हैं, छूछा
पेट काम तो नहीं करेगा।' 'मुझे आपसे
ऐसी आशा न थी।' 'आप ही कहें, क्या करूँ,
खाली पेट भरूँ, कुछ काम करूँ कि चुप मरूँ,
क्या अच्छा है!' जीवन जीवन है प्रताप से,
स्वाभिमान ज्योतिष्क लोचनों में उतरा था,
यह मनुष्य था, इतने पर भी नहीं मरा था।

['उस जनपद का कवि हूँ' से]

बिस्तरा है न चारपाई है

बिस्तरा है न चारपाई है,
ज़िन्दगी ख़ूब हमने पाई है।

कल अँधेरे में जिसने सर काटा,
नाम मत लो हमारा भाई है।

ठोकरें दर-ब-दर की थीं हम थे,
कम नहीं हमने मुँह की खाई हैं।

कब तलक तीर वे नहीं छूते,
अब इसी बात पर लड़ाई है।

आदमी जी रहा है मरने को
सबसे ऊपर यही सच्चाई है।

कच्चे ही हो अभी त्रिलोचन तुम
धुन कहाँ वह सँभल के आई है।

['गुलाब और बुलबुल' से]

पश्यन्ती

करता हूँ आक्रमण धर्म के दृढ़ दुर्गों पर
कवि हूँ, नया मनुष्य मुझे यदि अपनाएगा
उन गानों में अपने विजय-गान पाएगा
जिनको मैंने गाया है। वैसे मुर्गों पर
निर्भर नहीं सबेरा होना, लेकिन इतना
झूठ नहीं है, जहाँ कहीं वह बड़े सवेरे
ऊँचे स्वर से बोला करता है, मुँह फेरे
कोई पड़ा नहीं रह सकता, फिर भी कितना
उसमें बल है। केवल निर्मल स्वर की धारा
उसकी अपनी है, जिसकी अजस्र कल-कल में
स्वप्न डूब जाते हैं जीवन के लघु पल में-
तम से लड़ता है इस पश्यन्ती के द्वारा।

धर्म-विनिर्मित अन्धकार से लड़ते-लड़ते
आगामी मनुष्य; तुम तक मेरे स्वर बढ़ते।

['दिगन्त' से]

अपना ही घर

महल खड़ा करने की इच्छा है शब्दों का
जिसमें सब रह सकें रम सकें लेकिन साँचा
ईंट बनाने का मिला नहीं है, अब्दों का
समय लग गया, केवल कामचलाऊ ढाँचा

किसी तरह तैयार किया है। सबकी बोली-
ठोली लाग-चपेट, टेक, भाषा, मुहावरा
भाव, आचरण, इंगित, विशेषता फिर भोली
भूली इच्छाएँ, इतिहास विश्व का, बिखरा

हुआ रूप-सौन्दर्य भूमिका, स्वर की धारा
विविध तरंग-भंग भरती लहराती गाती
चिल्लाती, इठलाती फिर गनुष्य आवारा
गृही, असभ्य, सभ्य, शहराती या देहाती-

सबके लिए निमंत्रण है अपना जन जानें
और पधारें इसको अपना ही घर मानें।

['ताप के ताये हुए दिन' से]

कौन कान सुनेगा

अपनी कैसे कहूँ
यहाँ कौन कान सुनेगा
आगे एक है पहाड़
फिर दूसरा पहाड़
फिर तीसरा पहाड़
इन्हें घेरे और बाँधे हुए
हरे-भरे झाड़

इनको छोड़ और कौन
मेरी तान सुनेगा

आगे एक है मनुष्य
फिर दूसरा मनुष्य
फिर तीसरा मनुष्य
इन्हें घेरे और बाँधे हुए
दुनिया के मनुष्य

इनको छोड़ मेरा कौन
स्वाभिमान सुनेगा।

['ताप के ताये हुए दिन' से]

पथ पर चलते रहो निरन्तर

पथ पर
चलते रहो निरन्तर

सूनापन हो
या निर्जन हो
पथ पुकारता है
गत-स्वन हो

पथिक,
चरण-ध्वनि से
दो उत्तर

पथ पर
चलते रहो निरन्तर।

['धरती' से]

जल के हिल जाने पर जैसे तल की छाया

जल के हिल जाने पर जैसे तल की छाया
हिलने लगती है वैसे ही मेरे मन के
हिल जाने पर मेरा छायापुरुष गगन के
प्रभा-लोक में हिलने लगता है। समझाया
तुमने मुझे मर्म जीवन का-मैंने पाया
तुम जल हो मैं निहित बिम्ब हूँ, उड़ते घन के
प्रतिबिम्बों पर सुस्थिर; तार हृदय के खनके
साँस-साँस से, जीवन जगकर आगे आया।

छाया छाया छाया छाया-जब भी देखा
केवल छाया दिखी, रूप किस ओर खो गया
अपनी चमक दिखाकर, कहाँ गया वह आत्मा
जिसकी सब तलाश करते हैं, जिसकी रेखा
नहीं बनी लेकिन सत्ता का शोर हो गया
सारे जग में, आत्मा ही तो है परमात्मा।

['शब्द' से]

महाकाश का कलश

महाकाश का कलश सुनील पारदर्शी है
उसमें अपनी पृथ्वी स्थित है, घूम रही है;

एक ओर तो प्रखर ज्योति की धार बही है
सूरज की, दूसरी ओर तम सुस्पर्शी है,
अस्थिति में स्थिति-जीवन स्वयं रोमहर्षी है,
मरण दौड़ में पिछड़ गया है, किन्तु सही है
जीवन ने जो व्यथा किसी से कहाँ कही है,
कौन कह गया यही व्यथा ही मधुवर्षी है।

घट के भीतर घट है। घट ये चाक पर चढ़े
घूम रहे हैं, कभी सँवरते, कभी बिगड़ते,
और चाक यह, अहोरात्र चलता जाता है,
कैसे-कैसे कहाँ-कहाँ। जब से उठे बढ़े
रंग-रूप जीवन के इसको लड़ते-लड़ते
वर्तमान भी देख देखकर दिखलाता है।

['शब्द' से]

सप्त बालचन्द्री आयस पुल राजघाट का

सप्त बालचन्द्री आयस पुल राजघाट का
सात फलाँगों में गंगा को पार कर गया।
नम्र बालचन्द्रों में स्तम्भन-शक्ति भर गया,
सरल स्तम्भ-क्रम जिस पर संगत कर्ण-ठाट का
दुहरा टेक लगा है कटि पर और काट का
प्रखर वेग देखता रहा है। तेज झर गया,
अद्रिभेदिनी, धारा का आह्वान स्वर गया।
यह मनुष्य का विजय-चिह्न है नए पाट का,
भीतर पट-विहीन चौखटे समानान्तर क्रम,
क्रमशः छोटे, दूर छोर पर बिलकुल छोटे
आँखों को प्रतिभात हुए, पर आते जाते
मिला परीक्षक को कब कुछ शिल्प का असंयम।
प्रत्यवरोहारोह के मिले निश्चित जोटे।
देखा, व्योम, धरा, सुरसरि को उपदा लाते।

['उस जनपद का कवि हूँ' से]

मैंने जीवन की शराब पी

मैंने जीवन की शराब पी, बार-बार पी।
जब-जब होश हुआ तब-तब ले-लेकर प्याला
ओठों तक पहुँचाया। अन्तस्तल में ढाला
उस रस को जिसकी संचित सोद्वेग चाह थी
सिरा-सिरा में। जागा, जगकर एक आह की-
देखा, मुझको लाकर किस दुनिया में डाला
उसने, जहाँ भले स्वप्नों तक का तो ठाला
रहता है; खीझा, फिर अपनी नई राह ली।
मैं इस जीवन की शराब को पीते-पीते
वर्षों का पथ क्षण की छोटी-सी सीमा में
तय करता चुपचाप आ रहा हूँ। अनजाने
और अपरिचित चेहरे अपने जैसे जीते
जीर्ण-शीर्ण मिलते हैं, मैं उनका कर थामे
देता हूँ जीवन, जीवन के मधुमय गाने।

['शब्द' से]

मैं-तुम

'मैं' सबका मैं है
वैसे ही 'तुम' सबका तुम है

लेकिन मैं कहाँ हूँ
कहाँ हूँ मुझे जान लेना है
तुम मेरी परेशानी
अगर नहीं जानते तो तुम्हारी हानि क्या
अगर जान जाओगे तो उससे लाभ क्या
हानि-लाभ वैसे दो शब्द हैं
जिनका हाट-बाट और घर-घर में चलन है
तुम अपने में मगन
अपनों को देखते हो
इसी से तुम्हारा मैं

जो तुम्हारा जाना-पहचाना तुम होता है
        अपना कर लेता है

लेकिन मैं कहाँ हूँ
मैं तुम्हारा अपना तुम नहीं
तभी दृष्टि तुम बचाते हुए
कहीं और जाते हो
पाँवों में जल्दी मैं देखता हूँ
अनजाने इतना हो जाता है
तुम कहीं जाते हो
कोई काम करते हो
किसी से दो बातें सुनते हो
दो बातें कहते हो
कोई ठान ठानते हो
चिन्ता में पड़ते हो
कोई खुशी आती है
कोई दुख होता है
मैं भी आसपास कहीं होता हूँ
और तुम्हारी साँसों की भाषा समझता हूँ
शुद्ध रूप देता हूँ कवि हूँ
तुम भी यह जानते हो कवि क्या होता है
वह कैसे खाता है
कैसे संसार उसका चलता है
तुमको मालूम नहीं
फ़ुर्सत भी तुम्हें कहाँ यह सब मालूम करो
होगा कवि कोई कहीं
मिहनत तुम्हारी अकेले की नहीं है
        मेरा भी साझा है हाथ है
और मन बहलावा तुम्हारा अकेला नहीं
        मेरा भी साथ है
और जो तुम्हारा भोग होता है
        मेरा भी होता है

और तुमने कब सोचा वह केवल तुम्हीं हो
जिससे मेरा मेरे मन का संवाद है
कभी पूछकर देखो मुझसे
मैं कहाँ हूँ
मैं तुम्हारे खेत में तुम्हारे साथ रहता हूँ
कभी लू चलती है कभी वर्षा आती है कभी जाड़ा होता है
तुम्हें कभी बैठा भी पाया तो ज़रा देर
कभी चिलम चढ़ा ली कभी बीड़ी सुलगाई
फिर कुदाल या खुरपा या हल की मुठिया को लिये हुए
कभी अपने-आप कभी और कई हाथों को लगाकर
काम किया करते हो

जब तुम किसी बड़े या छोटे कारखाने में
कभी काम करते हो किसी भी पद पर
तब मैं तुम्हारे इस काम का महत्त्व ख़ूब जानता हूँ
और यह भी जानता हूँ–मानव की सभ्यता
तुम्हारे ही खुरदरे हाथों में नया रूप पाती है।
और यह नया रूप आने वाले कल के किसी नए रूप की
भूमिका है और यह भूमिका भविष्य का
संविधान बनती है वैसे ही जैसे समाज सारा आज का
आदिम समाज का विकास है,
आदिम समाज की अनेक बातें आज भी क्या नहीं हैं
व्यक्ति या समूह या समाज में
कहीं किसी जनपद में राज्य में राष्ट्र में
और फिर राष्ट्रों में
तुम्हें इतना और यह सब सोचने-समझने की
चिन्ता नहीं चिन्ता का भार तो तुमने कहीं और
डाल दिया है और इस भार को उठाने वाले
दूसरे हैं जो तुम्हारे और मेरे बीच
अपने आप आ जाते हैं आया करते हैं

मैं तुमसे, तुम्हीं से, बात किया करता हूँ
और यह बात मेरी कविता है

कविता में अपने साथ देखो मैं कहाँ हूँ
नया मोड़ सामने है जीवन जिस ओर चले उस पर है
अब पुरानी दीवारें गिरती हैं और नई उठती हैं
इनको बनाने वाले हाथ मुस्कराते हैं गीत जो उभर आया
उसे गुनगुनाते हैं यही हाथ और कहीं कितने ही हाथों के साथ
कहीं सड़कें बनाते हैं नगर बसाते हैं और ऊबड़-खाबड़ को
पट पर कर देते हैं जिससे जो पैर अभी नन्हे-नन्हे
और कोमल-कोमल हैं जब सयाने हो जाएँ अपनी राह
दृढ़ता से तय करें, चुपचाप सिर डाले कहीं बैठ जाने का
समय अब नहीं है, रोज़ी हाथ-पाँव मारा जाए तब
चलती है नियम से, ऐसा ही सिलसिला है

मानव समाज नर-नारी के हाथों से
व्यक्तियों, समूहों, वर्गों, देशों का रूप लिया करता है
व्यक्ति ही तो मूल है यहाँ-वहाँ जो कुछ है
लेकिन व्यक्ति कितना असहाय है अकेले में
मेले में सभी कितने अलग-अलग होते हैं
परिवार में भी राग व्यक्ति का अलगाया रहता है
जहाँ लोग एक-दूसरे के पास, बहुत पास होते हैं
एक-दूसरे को ख़ूब जानते-पहचानते हैं एक-दूसरे की
बात-व्यवहार देखते हैं अपना मत रखते हैं
कभी-कभी ऐसी घनिष्ठता स्वतन्त्रता को आदर दे तो कितना
द्वन्द्व फिर दिखाई देगा किसी को
हमारी स्वतन्त्रता औरों की स्वतन्त्रता के साथ है

भूलें हो जाती हैं भूलें ये अगर यह ठीक हो जाया करें
किसी तरह कर दी जाएँ तो सारी पृथिवी पर
शान्ति खेलने लगे शान्ति-पाठ जीवन का सत्य हो
नहीं तो पाठ पाठ ही रहेगा, कभी शान्ति का
स्वरूप नहीं दिखेगा, यही तो एक बाधा है
शान्ति के लिए लड़ाई होती है लड़ने वाले कहते हैं

मैं बहुत अलग कहीं और हूँ
खोज लो मैं कहाँ हूँ

इस पृथिवी की रक्षा मानव का अपना कर्तव्य है
इसकी वनस्पतियाँ, चिड़ियाँ और जीव-जन्तु
उसके सहयात्री हैं इसी तरह जलवायु और सारा आकाश
अपनी-अपनी रक्षा मानव से चाहते हैं
उनकी इस रक्षा में मानवता की भी तो रक्षा है
नहीं, सर्वनाश अधिक दूर नहीं
दिन-रात प्रातः-सन्ध्या कितने अलग-अलग रूपों में

आते हैं कोई इन्हें देखे या अनदेखा कर जाए,
इनकी आपत्ति का पता नहीं चलता
मानव का सारा सौन्दर्य-बोध जब विकास करता है
तब इनका अपना क्या योगदान रहता है
आँखें ही इसे देख सकती हैं
मैं उसी समग्रता को देखने का आदी हूँ
खंड में समग्र नहीं आता नहीं आ पाता
खंड सामने हो तो अखंड का महत्त्व क्या
अच्छी-अच्छी बातों के अर्थ बदल जाते हैं
मन किसी का बदल जाए तो सबकुछ एकाएक
उलट-पुलट जाता है
मैं सबके साथ हूँ अलग-अलग सबका हूँ
मैं सबका अपना हूँ सब मेरे अपने हैं
मुझे शब्द-शब्द में देखा
मैं कहाँ हूँ।

['ताप के ताये हुए दिन' से]

लहरों में साथ रहे कोई

बाँह गहे कोई

अपरिचय के
सागर में
दृष्टि को पकड़कर
कुछ बात कहे कोई।

लहरें ये
लहरें वे
इनमें ठहराव कहाँ
पल
दो पल
लहरों में साथ रहे कोई।

['ताप के ताये हुए दिन' से]

दिन सहज ढले

आओ इस आम के तले
यहाँ घास पर बैठें हम
जी चाही बात कुछ चले
कोई भी और कहीं से

        बातों के टुकड़े जोड़ें
संझा की बेला है यह
        चुन-चुनकर तिनके तोड़ें
चिन्ताओं के। समय फले।

आधा आकाश सामने
क्षितिज से यहाँ तक आभा
नारंगी की। सभी बने।

ऐसे ही दिन सहज ढले।

['ताप के ताये हुए दिन' से]

नींद आई तो कहा जा तू जा

नींद आई तो कहा जा तू जा
आज सोने से रहा जा तू जा
काम ही काम देख फैला है
बोल मत मुझको सहा जा तू जा

मेह का चुपके-चुपके आ जाना
और आकाश-भर में छा जाना

चमकना गरजना बरसना फिर
बात की बात में बिला जाना

बात अवसर की है बुरा क्या है
वस्तु यह घर की है बुरा क्या है
सर्दी में और गर्मी में कुछ और
धूप अम्बर की है बुरा क्या है

द्वार अब जकड़ो मत खुला रक्खो
अपनों को सामने बुला रक्खो
सुदिन बस आने वाला है
अपने घर-बार को धुला रक्खो।

['गुलाब और बुलबुल' से]

यह सुगन्ध मेरी है

नदी के किनारे
पुकार एक
मैंने सुनी
कल शाम
यों उस पुकार में
किसी के लिए
सम्बोधन नहीं था
फिर भी
मुझे जान पड़ा
जाने क्यों
यह पुकार मेरी है
तो भी मैं बोला नहीं।

सूने राजमार्ग पर
परस मिला मुझे
ज़रा गरमीला
आधी रात
यों उस परस में

किसी के लिए
अनुरोध नहीं था
फिर भी
मुझे जान पड़ा
जाने क्यों
यह परस मेरा है
तो भी मैं चौंका नहीं।

बौरे आम के तले
सुगन्ध मिली
मुझे आज
प्रातःकाल
यों उस सुगन्ध में
किसी के लिए
आमन्त्रण नहीं था
फिर भी
मुझे जान पड़ा
जाने क्यों
यह सुगन्ध मेरी है
तो भी मैं खिला नहीं।

['ताप के ताये हुए दिन' से]

एक लहर फैली अनन्त की

सीधी है भाषा बसन्त की

कभी आँख ने समझी
कभी कान ने पाई
कभी रोम-रोम से
प्राणों में भर आई
और है कहानी दिगन्त की

नीले आकाश में
नई ज्योति छा गई

कब से प्रतीक्षा थी
वही बात आ गई
एक लहर फैली अनन्त की।

['ताप के ताये हुए दिन' से]

तुम्हें जब मैंने देखा

पहले पहल तुम्हें जब मैंने देखा
सोचा था
इससे पहले ही
सबसे पहले
क्यों न तुम्हीं को देखा

अब तक
दृष्टि खोजती क्या थी
कौन रूप क्या रंग
देखने को उड़ती थी
ज्योति पंख पर
तुम्हीं बताओ
मेरे सुन्दर
अहे चराचर सुन्दरता की सीमा-रेखा

['तुम्हें सौंपता हूँ' से]

प्यार

जब भौंरे ने आकर पहले-पहले गाया,
कली मौन थी। नहीं जानती थी वह भाषा
इस दुनिया की, कैसी होती है अभिलाषा
इससे भी अनजान पड़ी थी। तो भी आया

जीवन का वह अतिथि, ज्ञान का सहज सलोना
शिशु जिसको दुनिया में प्यार कहा जाता है,
स्वाभिमान-मानवता का पाया जाता है
जिससे नाता। उसमें कुछ ऐसा है टोना

जिससे यह सारी दुनिया फिर राई-रत्ती
और दिखाई देने लगती है। क्या जाने
कौन राग छाती में लगता है अकुलाने
इन्द्रधनुष-सी लहराती है पत्ती-पत्ती।

बिना बुलाए जो आता है प्यार वही है।
प्राणों की धारा उसमें चुपचाप बही है।

['दिगन्त' से]

आज मैं तुम्हारा हूँ

कल मेरे प्राणों में कोई रो रहा था। बाहर सब शान्त था। भीतर-भीतर भारी व्यथा भर गई थी। जी बड़ा उदास था। कौन-सी हवा थी वह जो अपनी लहरों से घेर-घेरकर मुझको बाँध गई।

किसका दुख यह मेरे मन में आकर ठहरा। किसने गुमनाम पत्र यह अपना भेजा है। मैंने जो पाया है उसको कैसे अपने अन्दर के कोने में मौन पड़ा रहने दूँ? अगर किसी राही को काँटा गड़ जाता है तो क्या वह काँटे को लिये-दिए उसी तरह चलता है? मैं इसका क्या करूँ?

मैं बिलकुल स्वस्थ हूँ। तन-मन में मेरे कोई कम्पन नहीं है और कल के उस क्षण तक मैं बहुत प्रसन्न था। अब जी को चैन नहीं। आखिर किसने अपना प्राण-भरा अवसाद मेरे मन के मन में भर दिया?

किसी की प्रतीक्षा मुझे नहीं थी। अपना कोई अभाव मुझ पर नहीं हावी था। मैं था निश्चिन्त; कहूँ चिन्ता की चिन्ता से बिलकुल अनजान था। लेकिन अनजाना अवसाद किसी का उड़कर मेरे उर की कोमल टहनी पर आ बैठा।

दुनिया के किसी छोर पर रहने वाले ओ जीवधारी, तुम कुछ हो, कोई हो, कोई भी प्राणी हो, स्थलचर,

जलचर, नभचर, कोई भी–अपनी अनजानी संवेदनाएँ भेजकर तुमने उपकार किया। मैं इन आवर्तों में बँधा हुआ आज कहाँ अपना हूँ, अपने लोगों का हूँ, अपनी दुनिया का हूँ। आज मैं तुम्हारा हूँ। बिलकुल तुम्हारा हूँ, केवल तुम्हारा हूँ, कहीं रहो, कोई हो।

['तुम्हें सौंपता हूँ' से]

अपना-अपना सन्धान

मैंने जो प्रेमगान गाया था
वह केवल मेरा था
तुमने जो प्रेमगान सुना था
वह केवल तुम्हारा था
मैं तुम दोनों ही
अपना सन्धान कर रहे थे।

प्रेम व्यक्ति व्यक्ति से
समाज को पकड़ता है
जैसे फूल खिलता है
उसका पराग किसी और जगह पड़ता है
फूलों की दुनिया बन जाती है।

प्रेम में अकेले भी हम
अकेले नहीं हैं
मेला क्या हमारा ही मेला है
और मेले नहीं हैं।

['अरघान' से]

गीतमयी हो तुम

गीतमयी हो तुम, मैंने यह गाते-गाते
जान लिया, मेरे जीवन की मूक साधना
में खोई हो। तुमको पथ पर पाते-पाते
रह जाता हूँ और अधूरी समाराधना
प्राणों की पीड़ा बनकर नीरव आँखों से

बहने लगती है तब मंजुल मूर्ति तुम्हारी
और निखर उठती है। नई-नई पाँखों से
जैसे खग-शावक उड़ता है, मन यह, न्यारी
गति लेकर उड़ान भरने लगता वैसे ही
सोते-जगते। दूर, दूर तुम दूर सदा हो,
क्षितिज जिस तरह दृश्यमान था, है, ऐसे ही
बना रहेगा। स्वप्न-योग ही यदा-कदा हो
चाँद व्योम में चुपके-चुपके आ जाता है
उत्तरंग होकर विह्वल समुद्र गाता है।

['उस जनपद का कवि हूँ' से]

तुम्हें याद है

तुम्हें याद है, उस दिन बाबा के पोखर में
हम तुम दोनों साथ स्नान करने पहुँचे थे,
पहले बोल न बात हुई बाहर या घर में;
इधर-उधर के तीरों पर बैठे सकुचे थे,
जल उछालते, राह ताकते, कोई आए
अपना हेली-मेली, लेकिन देर हुई थी
हम दोनों को आने में, सब पहले आए
और नहाकर चले गए थे। खिली कुईं थी
तट पर, मैंने तोड़-तोड़कर हार बनाए
दस या बारह, रखा, हला पानी में। देखा
इधर-उधर। 'क्या आरपार तुम हो कर पाए
खड़े-खड़े इस पोखर को।' 'न।' 'काली रेखा
उभरी मुख पर, मर्द हो गए हुआ न यह भी ?'
'मर्द ?' 'और क्या बच्चा ही होता है वह भी।'

['उस जनपद का कवि हूँ' से]

कोई दिन था जबकि हमको भी बहुत-कुछ याद था

कोई दिन था जबकि हमको भी बहुत-कुछ याद था
आज वीराना हुआ है, पहले दिल आबाद था।

अपनी चर्चा से शुरू करते हैं अब तो बात सब,
और पहले यह विषय आया तो सबके बाद था।

गुल गया, गुलशन गया, बुलबुल गया, फिर क्या रहा
पूछते हैं अब व' ठहरा किस जगह सैयाद था।

मारे-मारे फिरते हैं उस्ताद अब तो देख लो,
मर्म जो समझे कहे पहले वही उस्ताद था।

मन मिला तो मिल गए और मन हटा तो हट गए,
मन की इन मौजों प' कोई भी नहीं मतवाद था।

रंग कुछ ऐसा रहा और मौज कुछ ऐसी रही,
आतबीती भी मेरी वह समझे कोई वाद था।

अन्न-जल की बात है, हमने त्रिलोचन को सुना,
आजकल काशी में है, कुछ दिन इलाहाबाद था।

['गुलाब और बुलबुल' से]

और क्या होना है

उस दिन जब मैंने तुम्हें देखा था
सोचा था इसी तरह आगे भी
रोज नहीं कभी-कभी अगर तुम्हें देख पाता
राहें इस दुनिया की
किसे नहीं भटकातीं
तुम्हें रोज देखा किया
आना ही पड़ता था तुमको भी
जाने क्यों

अब सोचा
अगर कभी किसी तरह
कुछ बातें हो पातीं
पर यह कब सम्भव था
अनहोनी बात थी

लेकिन
अनहोनी भी होनी बन जाती है कभी-कभी

सोती रात तुमने मुझे आगे आकर रोका
बचाओ–बचाओ मुझे

वह काली रात
आँसू भय-से थोड़े से शब्द काँपते से तन के साथ
लगता था झंझा ने अभी किसी पेड़ को हिलाया-झकझोरा है

मैंने दिलासा दिया और कहा
आओ चुपचाप मेरे साथ
कुछ बोलो मत
नहीं तो तुम्हारे शब्द सबको जगा देंगे
अन्धकार अच्छा है
आओ

साँसों की सिसकी बढ़ते पैरों की आहट
बादल, बिजली, झंझा
मन पूछ रहा था : आखिर यह सब क्या है
और क्या होना है

['तुम्हें सौंपता हूँ' से]

हम दोनों हैं दुखी

हम दोनों हैं दुखी। पास ही नीरव बैठें,
बोलें नहीं, न छुएँ। समय चुपचाप बिताएँ
अपने-अपने मन में भटक-भटककर पैठें
उस दुख के सागर में जिसके तीर चिताएँ
अभिलाषाओं की जलती हैं धू धू धू धू।
मौन शिलाओं के नीचे दफ़ना दिए गए
हम, यों जान पड़ेगा। हमको छू छू छू छू
भूतल की उष्णता उठेगी, हैं किए गए
खेत हरे जिसकी साँसों से। यदि हम हारें
एकाकीपन से गूँगेपन से तो हमसे
साँसें कहें, पास कोई है और निवारें
मन की गाँस-फाँस, हम ढूँढ़ें कभी न भ्रम से।

गाढ़े दुख में कभी-कभी भाषा छलती है
संजीवनी भावमाला नीरव चलती है।

['उस जनपद का कवि हूँ' से]

प्रिय गान नहीं गा सका तो

यदि मैं तुम्हारे प्रिय गान नहीं गा सका तो
मुझे तुम एक दिन छोड़ चले जाओगे

एक बात जानता हूँ मैं कि तुम आदमी हो
जैसे हूँ मैं जो कुछ हूँ तुम वैसे वही हो
अन्तर है तो भी बड़ी एकता है
मन यह-वह दोनों देखता है
भूख-प्यास से जो कभी कहीं कष्ट पाओगे
तो अपने से आदमी को ढूँढ़ सुना आओगे
प्यार का प्रवाह जब किसी दिन आता है
आदमी समूह में अकेले अकुलाता है
किसी को रहस्य सौंप देता है
उसका रहस्य आप लेता है
ऐसे क्षण प्यार की ही चर्चा करोगे और
अर्चा करोगे और सुनोगे-सुनाओगे

विघ्न से विरोध से कदापि नहीं भागोगे
विजय के लिए सुख-सेज तुम त्यागोगे
क्योंकि नाड़ियों में वही रक्त है
जो सदैव जीवनानुरक्त है
तुमको जिजीविषा उठाएगी, चलाएगी,
बढ़ाएगी उसी का गुन गाओगे, गवाओगे।

['अरघान' से]

इतना तो बल दो

यदि मैं तुम्हें बुलाऊँ तो तुम भले न आओ
मेरे पास, परन्तु मुझे इतना तो बल दो
समझ सकूँ यह, कहीं अकेले दो ही पल को

मुझको जब-तब लख लेती हो। नीरव गाओ
प्राणों के वे गीत जिन्हें मैं दुहराता हूँ।
सन्ध्या के गम्भीर क्षणों में शुक्र अकेला
बुझती लाली पर हँसता है। निशि का मेला
इसकी किरणों में छाया-कम्पित पाता हूँ

एकाकीपन हो तो जैसा इस तारे का
पाया जाता है वैसा हो। बास अनोखी
किसी फूल से उठती है, मादकता चोखी
भर जाती है, नीरव डंठल बेचारे का
पता किसे है, नामहीन किस जगह पड़ा है?
आया फूल, गया, पौधा निर्वाक् खड़ा है।

['दिगन्त' से]

चन्द्रमुखी ने गोर्की की तसवीर निहारी

चन्द्रमुखी ने गोर्की की तसवीर निहारी
और कहा, यह मुझे नहीं अच्छा लगता है
और स्वयं तसवीर उलट दी, उसकी प्यारी
आँखों में उल्लास खिला था। पर जगता है
भाव और ही मेरे मन में, पूछ ही पड़ा-
'तब तो तुम मुझ पर भी परदा ही डालोगी?'
'नहीं-नहीं, ऐसा विचार कर आपने बड़ा
बुरा किया है' और हँस पड़ी। अच्छी होगी
लड़की कितनी, बात सोचता मौन रह गया।
भला-बुरा सुन्दर-कुरूप की सारी बातें
मन में लहरें लेने लगीं, अबाध बह गया
कहाँ से कहाँ, देखीं जीवन-पथ की घातें।
जो आँखों में बसा वह भला ही होता है
ऐसा नहीं, भूल करने वाला रोता है।

['उस जनपद का कवि हूँ' से]

क्या-क्या नहीं चाहिए

कल तुम्हारी प्रतीक्षा थी।

सोच बैठा, कौन जाने लहर मन में उठे और यों ही चली आओ।

बात कुछ ऐसी है कि कल अन्तहीन शून्य मन में भर गया था। नाड़ी सुस्त हो गई थी। बाहर भी भीतर का शून्य घिरा देखता था। ऐसे में हारा मन तुम्हारी शरण जा पहुँचा। पल-भर भी मैंने यह नहीं सोचा, मेरी-जैसी दशा तुम्हारी भी हो सकती है। खुशियों की लहरें आ जाती हैं और चली जाती हैं और हम पड़े रह जाते हैं।

आज ज़रा चिन्ता के समुद्र से सिर बाहर निकाला है और तुम्हें देखकर आवाज जो हृदय से उठी उसे अक्षरों में रख रहा हूँ। तुम्हें भी ज्ञात हो जाए कि मैं सदा-सर्वदा प्रसन्न नहीं रहता और यह जान सको, तुमने एक जीवित हृदय का स्पर्श किया है, ऐसे हृदय का जो देश-काल के प्रभाव लेता है, बिल्कुल जड़ नहीं है। मेरे इस हृदय को अच्छी तरह जान लो और फिर जैसा तुम्हें जान पड़े वैसा करो। प्यार, घृणा, उदासीनता, सहानुभूति, मुझे क्या-क्या नहीं चाहिए।

['अरघान' से]

आज मैं अकेला हूँ

[1]

आज मैं अकेला हूँ
अकेले रहा नहीं जाता

[2]

जीवन मिला है यह
रतन मिला है यह
धूल में
कि
फूल में
मिला है
तो
मिला है यह

मोल–तोल इसका
अकेले कहा नहीं जाता

[3]

सुख आए दुख आए
दिन आए रात आए
फूल में
कि
धूल में
आए
जैसे
जब आए
सुख–दुख एक भी
अकेले सहा नहीं जाता

[4]

चरण हैं चलता हूँ
चलता हूँ चलता हूँ
फूल में
कि
धूल में
चलाता
मन
चलता हूँ
ओखी धार दिन की
अकेले बहा नहीं जाता

['धरती' से]

आरर डाल

सचमुच, इधर तुम्हारी याद तो नहीं आई,
झूठ क्या कहूँ। पूरे दिन मशीन पर खटना,
बासे पर आकर पड़ जाना और कमाई
का हिसाब जोड़ना, बराबर चित्त उचटना।

इस–उस पर मन दौड़ाना। फिर उठकर रोटी
करना। कभी नमक से कभी साग से खाना।
आरर डाल नौकरी है। यह बिलकुल खोटी
है। इसका कुछ ठीक नहीं है आना–जाना।
आए दिन की बात है। वहाँ टोटा–टोटा
छोड़ और क्या था। किस दिन क्या बेचा–कीना।
कमी अपार कमी का ही था अपना कोटा,
नित्य कुआँ खोदना तब कहीं पानी पीना।
धीरज धरो, आज कल करते तब आऊँगा,
जब देखूँगा अपने पुर कुछ कर पाऊँगा।

['ताप के ताये हुए दिन' से]

नगई महरा

गाँव वाले इधर–उधर कहते थे
नगई भगताया है
सामना हो जाने पर कहते थे
नगई भगत

नगई कहार था
अपना गाँव छोड़कर
चिरानीपट्टी आ बसा
पूरब की ओर
जहाँ बाग या जंगल था
बाग में
पेड़ आम, जामुन या चिलबिल के
जंगल में मकोय, हैंस, रिसवल की बँवरें
झाड़ियाँ झरबेरी की
और कई जाति की
ढेरे, कटार, ढाक, आछी,
बबूल और रेवाँ के
पेड़ भी जहाँ–तहाँ खड़े थे

सूखे पत्ते वहाँ बहुत सारे थे
नगई ने भाड़ बैठा दिया

दिन में साँस मिलने पर
भाड़ को जगाता था
दूर-दूर से भुँजाने वाले आ जाते थे
संझा के पहले ही
भाड़ बन्द होता था
नगई का परिवार
छोटा था
घरनी और एक बच्ची
बच्ची गोहनलगुई थी
घरनी सेंदुर से मिली नहीं थी
धरौवा कर लिया था

घरनी फुर्तीली थी
चुस्त काम-काज में
बोल-बात में हँसमुख
कभी उसका चेहरा मुरझाया हो
याद नहीं आता मुझे
बात पर बात ऐसे जड़ती थी
जहाँ समझ लड़ती थी
और यह दुर्लभ है
नगई ने गाँव के
तीन-चार घरों का
पानी थाम लिया था
कभी वह भरता था
कभी घरनी भरती थी
कुछ खेत मिले थे इसके लिए
और घर-घर से
कलेवा मिल जाता था
नगई नहीं खाता था
माँ-बेटी खाकर कुछ करती थीं

पूरा परिवार मैंने देखा
पैरों-पैरों है

हाथों ने काम कोई लिया, किया
हो जाने का ही काम
हाथों में आता था
रस्सियाँ भी नगई बरा करता था
सुतली को कातकर बाध भी बनाता था
कहता था, दैव ने मुँह चीर दिया है
उसमें कुछ देने को हाथ तो चलाना है
मैंने इस घर में
टुन्न-पुन्न नहीं देखी
घरनी को महरिन मैं कहता था
मैं ही नहीं कोई मुँह-मुँह देखे
क्योंकि नगई महरा थे
सबके लिए
केवल बड़े-बूढ़े बखरीवाले
नगई बुलाते थे
कभी नगई कभी महरा
जो भी जबान पर चढ़ गया
कहने की झोंक में

नगई को बैठने और उठने का
बोलने-बतियाने का सहूर है
यह अनमोल बाबा कहते थे
अनमोल बाबा की आँख
इन्हीं बातों पर पड़ती थी
अच्छी तरह जानता हूँ
मुझ पर जब चिढ़ते थे
कहते थे तू कैसे
बेटा बैरागी का हो गया
भलमनई की कोई चाल नहीं
नगई की चर्चा
निन्दकों को प्रिय नहीं थी
गाँव में निन्दक कम नहीं थे
कहाँ नहीं होते वे

जहाँ वृद्धि पाते हैं
खुचड़ खोज-खोजकर दिखाते हैं

बहुतों के पाँव अपनी डगर पर
निन्दा की कहीं छिपी कहीं उभरी
अढुकन से ठोकर खा जाते हैं
उबेने पाँव चलना कठिन होता है
हर डग का ऊँच-खाल
देखे और तोले बिना
काम नहीं चलता
अपना शरीर बेसम्हार होता है
एक दिन अपने द्वारे
इमली के पेड़ तले मैं था
घेउरा बुआ था महरिन पानी भरने आ गई
बुआ ने बुलाया महरिन
महरिन आ गई पास
बुआ ने, अब मैं समझता हूँ,
कुछ प्यार कुछ तिरस्कार से
कहा होगा-महरिनिया
तू दमाद के घर
क्यों बैठ गई
महरिन का जवाब पहले का तैयार लगा
बुआ, अपनी ओर ही निगाह करो
दूसरों की बूझने से अपना ही बूझना
कहीं अच्छा होता है
और वह इज्जत बचाती हुई
घर में चली गई
छूछा जोर लेकर बाहर निकली
बिलकुल चुप
बुआ भी चुप ही रहीं
उसके इनारे की ओर चले जाने पर
आप ही आप कहा
कौन नीच जाति के मुँह लगे

तब मेरी उमर जैसी छोटी थी
समझ भी छोटी थी
शब्द याद रह गए
अर्थ वर्षों बाद खुला जब
समाज के पर्दे खुलने लगे

चार भाई थे–नगई, बैरागी, बित्तू
और कोई और
बैरागी को मैंने देखा था जब तब
चिरानीपट्टी कभी–कभी आता था
बैरागी का बियाह महजी से हुआ था
महजी इस महरिन की कोख से जनमी थी
बैरागी–महजी के नाते से
कभी–कदा नगई की चर्चा चल जाती थी

चर्चा कमजोर थी
कहारों में
किसी को छोड़कर दूसरे को कर लेना
चलता था
और अब भी चलता है
नर या नारी का बिसेख कोई नहीं था
जोड़े जब काई नहीं रहा
दूसरे को लाने में बाधा कुछ नहीं थी
ज़रा ऊँच–नीच का विचार तो यहाँ भी था
जातियों के आपसी भेद थे
कोई जाति कुछ ऊँची
कोई जाति कुछ नीची
स्त्री–पुरुष भिन्न–भिन्न शाखा के हुए
तो मुश्किल पड़ जाती थी
लेकिन पंचायत थी
डाँड़–बाँध करती थी
जिसे मानना ही था
और फिर भोज–भात चलता था

भोज-भात खाया भागे नहीं
आपसी बतियाव, खेला, गाना, नाच-रंग
नाटक, तमाशा, सभी होता था
इसी समय सबके गुन खुलते थे

नगई ने अपने सगे भाई की सास को
घर में बैठाया था
उसी घर में माँ-बेटी
जेठानी-देवरानी थीं
सम्बन्धों की छीछालेदर
घर में न हो गाँव-भर में होती थी
बाप-दादों का कुटका
बछैया छोड़कर नगई ने छोड़ दिया
मँडई डाल ली चिरानीपट्टी में आकर

मैंने एक दिन उधर
पेड़ों के सहारे एक मँड़ई खड़ी देखी
पास ही बँसवट थी
जिसमें बहुत साँप सुने जाते थे
और कुछ कदम पर डँड़ियबा का मसान था
गाँव में गाँव से अलग छनिहर
कौन यहाँ रहता है
देखने के लिए गया
आँखें जो देखती थीं मन को बताती थीं
मुँह मेरा बन्द था

नगई ने जेंवरी बरते पूछा, पढ़ते हो
हाँ कहने को खुला
फिर नगई ने पूछा
रमायन बाँच लेते हो
हाँ अटक-अटककर
सुनकर हँसा नगई खुलकर बोला
बाँचना अटक-अटककर
और इसे बूझना बूझने की बात है

मेरे कान नगई के कहन-रस में पगे
अब उसने फिर कहा
लाऊँ मैं, बाँचोगे,
ले आओ मैंने कहा
मन में गुना अब तक तो
अपने आप बाँचता था
आज किसी और के लिए मुझे बाँचना है
यह नई बात थी
और नई बात से अनकुस होता ही है
मन हाल रहा था
बात को फैलाव से बचाने के लिए मैं
नगई का नाम बार-बार दे रहा हूँ
लेकिन मुझे उस दिन
उसका नाम मालूम नहीं था
बातों से बात चली
अलगाव दूर था लगाव पास-पास था
और हर लगाव को कोई नाम देने से
काम बहुत नहीं बनता
नाम एक निश्चित निश्चय उगाता है
अर्थ सम्बन्धों के सहारे चला करते हैं
यानी अर्थ का उद्‌गम छिपा रह जाता है
नगई ने बेठन को खोलकर पोथी को
माथे से लगा लिया
फिर उसे खाट के सिरहाने रखा
लोटे में पानी लेकर मुझसे कहा
चरण मुझे धोने दो
और उसने मेरे दोनों पैरों को
घुटनों तक धो दिया अच्छी तरह
फिर लोटे को माँजा धोकर पानी लिया
और कहा, चलो हाथ-मुँह भी धुला दूँ

मैं उठा पानी वह ढालता रहा
मैंने हाथ-मुँह फरचाए

पास के मँड़हे में कुशासन एक अलग था
उसकी गर्द झाड़कर मुझे बैठने को कहा
मेरे बैठ जाने पर पोथी मुझे सौंप दी
फिर मुझे बड़े भक्ति-भाव से प्रणाम किया
कुछ हटकर हाथ जोड़कर सामने ही
भूमि पर बैठ गया

मैंने पोथी खोल ली
पूछा, कहाँ पढ़ूँ
उसने कहा सुन्दरकांड
मैंने साँस चैन की ली
सुन्दरकांड कई बार पढ़ा था
पढ़ने को, अर्थ कौन ढूँढ़ता
ध्वनि अपनी मुझे अच्छी लगती थी
जहाँ-जहाँ अर्थ झलक जाता था
वहाँ आनन्द मुझे मिलता था
जनक सुता के आगे ठाढ़ भएउ कर जोरि
पढ़कर मैं रुका प्रति दोहे पर जैसे
वैसे ही उसने इस दोहे पर
भक्ति भाव से कहा
सियाबर रामचन्द्र की जय
फिर मुझसे कहा अब विश्राम
कुशा खंड पतला-सा मेरी ओर करके कहा
चिह्न रख दो पोथी में
मैंने चिह्न लगाकर पोथी को बन्द किया
उसने अब पूछा था कल भी क्या आओगे इस ओर
मैंने कहा, आऊँगा
जब मैं खड़ा हुआ चलने को
उसने भक्ति-भाव से मुझे फिर प्रणाम किया

मँड़हे से निकला मैं वह भी साथ था
पूछ पड़ा, किसके लड़के हो
मैंने शिक्षा जैसी थी अलक्ष को प्रणाम किया

कहा, जगरदेवसिंह मेरे पिता थे
बैरागी बाबू, पूछा उसने
मैंने कहा, उनका यह भी नाम है
उसने कहा, अब ऐसे आदमी दिखाई नहीं पड़ते
धरम जानकर रहे धरम किया

मैं बाहर निकला तो सोचता हुआ निकला
आज जो हुआ वह केवल आज ही हुआ है
और मैंने आज के उड़नछू शब्दों को
पकड़ पाने के लिए अपने मन को
उद्यत कर दिया
ऐसा कम होता है बहुत कम
जब शब्द किसी समय जी से बतियाने लगें
बुआ से मैंने सबकुछ कहा फिर पूछा
उसका नाम क्या है
बुआ ने कहा नगई
महरिन को माथे से उबहनी लटकाए
मैंने घर जाते देखा था
उधर वही घर था
मुड़ते भी देख लिया उनको
उसी ओर
कई दिनों बाद
गया नगई की मँड़ई पर

नगई खाँची फाँदे बैठा था
हाथों में वही काम
आँखें उन हाथों का
हथवट चिताती हुई
खाँची में लगी एक आँख मुझे भी देखा
और कहा बैठो उस पीढ़े पर
साफ़ है मैंने कुछ ही पहले धोया है
बैठने पर मुझसे कहा
अच्छा बाँच लेते हो रमायन

तुम्हारे बाबू कहते थे जैसे
अब कोई क्या कहेगा
उनकी भीतर की आँख खुली थी
सुर भी क्या कंठ से निकलता था
जैसे असाढ़ के मेघ की गरज
मैंने कहा महरा
मैं तो अभी सीख ही रहा हूँ
नगई ने कहा कितने होंगे
जो जानते हैं कहीं कुछ सीखना है
बाबू की तपस्या का फल
तुम्हें मिला है मिलेगा
मैं इस स्नेहिल असीस से
चुपाया रहा
नगई ने हाथ चलाते-चलाते फिर कहा
दुनिया है दुनिया का ज्ञान है आदमी है
आदमी को क्या-क्या नहीं जानना है
देखते-सुनते और करते ज्ञान होता है
अपनी जब होती है समझ नई होती है
मेरे लिए समझ पाना कठिन था
पर रुक-रुककर निकले बोल ये
कहीं ठहर गए थे मेरे मन में
अर्थ बहुत बाद में कुछ-कुछ पाया
धारणा बेकार बोझ ढोना ही नहीं है
आदमी बात से व्यवहार से
पहचाना जाता है
समझ ही
आदमी को आदमी से जोड़ती है

वर्ष बीत जाने के बाद, शायद
एक दिन नगई की ओर जा निकला
इतने जन वहाँ मैंने कभी नहीं देखे थे
अपना कुछ काम था फिर भी मैं रुक गया
नगई की दृष्टि मुझ पर पड़ी

काम रोककर मेरे पास आ गया
और कहा, भात है
बिरादरी को न्योता है
दिन परसों निश्चित है
आप कहाँ जाते हो
मैंने कहा काम से
उसने कहा मुझे भी बझाव है
परसों आना
इज्जत मैं क्या दूँगा
फिर भी दसों नँह जोड़े
खड़ा ही मिलूँगा
सेवक हूँ और सेवा करना मेरा काम है

मैं आगे बढ़ गया
उस दिन बड़ी भीड़ थी
बड़े-बड़े चूल्हे जगाए गए
जिन पर हंडे-कड़ाह चढ़े थे
कहीं भात कहीं दाल और कहीं
तरकारी पकती थी
लकड़ियों की कोई कमी नहीं थी
जंगलों के बीच थी चिरानीपट्टी की बस्ती
दोने-पत्तल पहले से बनाकर
ठिकाने से रखे थे
ढखुलाही कोई छोटी नहीं थी
ढाक के पेड़ ही पेड़ थे
बड़े और अच्छे पत्ते जिन पर छाए थे
पत्ता और लकड़ी की
जंगल में क्या कमी
जंगल जिसका हो
उससे कहकर ले लेना था
रोक-टोक कोई खास नहीं थी
कई बार आ जाकर
रंग वहाँ का देखा

जो भी मिला काम से लगा मिला
ऐसे लोग भी मिले
जो करते कम और बोलते बहुत रहते हैं
आवाज ऊँची से ऊँची हो आती है।
ध्यान उधर जाता है आसपास वालों का
कुछ लोग फिरकी से फिरते हुए
इनके पास उनके पास जाते थे
काम को देखकर बताते थे
ऐसे करो वैसे करो
मैंने सुना, एक कह रहा था, कैसे भला
लेकिन सचेत पाँव कान से कुछ दूर थे
मुँह किसी और हाथ से कुछ कह रहा था

कोई दस बार पाँत बैठी थी
हर बार पत्तलें पचास ऊपर लगती थीं
नगई ने तीन बीस का हिसाब रखा था
भोजन करने वाले तुष्ट थे
गाँजा, तमाखू, सुरती, बीड़ी और पान का
प्रबन्ध था
जब जो जिसे चाहिए
जाकर ले लेता था
कुछ बूढ़े और आदर-मान पाने वाले ही
अपनी जगह जमे थे
उनकी सेवा नौजवान करते थे
बार-बार यह या वह पूछकर
सराहना हो रही थी
नगई की यहाँ-वहाँ
बड़े लोग भी प्रबन्ध ऐसा
नहीं कर पाते
नगई पर कृपा है भगवान की
इस तरह मान दिया
भार हल्का कर दिया

पंचायत बैठी थी जाजिम पर

पीपल के नीचे
दिन दो घड़ी शेष था
कोतवाल, सिपाही और गोड़इत
जाति के ही लोग थे
बरौंछीदार-चँवरदार मक्खियाँ उड़ाते थे
बैठे हुए लोगों को बचाते हुए
हवा पट पड़ी थी इसी कारण
पंखे का प्रबन्ध था पसीना चल रहा था
और बड़े-बड़े पंखे तीन-चार हाथों से
हवा को लहराते थे
मैं उभरी पीपल की सोर पर ज़रा हटकर
बैठा था, मेरी आँखों के लिए
पहली पंचायत थी
चौकीदार ने पुकारा
नगई और लखमनी
दोनों हाथ जोड़े सिर झुकाए हाज़िर हुए
फिर उनका दोस बतलाकर पूछा गया
अपने दोस मानते हो
मानते हैं-दोनों ने साथ कहा
पूछा गया, डाँड़-बाँध तुमको मंजूर है
सिर-माथे हमको मंजूर है-दोनों बोले
पंचों ने कहा, दस रुपए का डाँड़ है, भात देना होगा
यह भी मंजूर है
फिर महरिन जल लाई, सबको दिया पीने को
नगई ने हुक्का पिया और बारी-बारी सबको दिया
पंचों ने हुक्म दिया अब तुम दोनों साथ रहो
पंचायत को मानो पंचपरमेसर है
नगई हाथ जोड़े अब खड़ा हुआ
बोला, जाति गंगा ने मुझे पावन कर दिया
धन्य हुआ
और फिर भोज हुआ
नाच और नाटक हुए।

['ताप के ताये हुए दिन' से]

चम्पा काले-काले अच्छर नहीं चीन्हती

चम्पा काले काले अच्छर नहीं चीन्हती
मैं जब पढ़ने लगता हूँ वह आ जाती है
खड़ी-खड़ी चुपचाप सुना करती है
उसे बड़ा अचरज होता है :
इन काले चिह्नों से कैसे ये सब स्वर
निकला करते हैं

चम्पा सुन्दर की लड़की है
सुन्दर ग्वाला है : गायें-भैंसें रखता है
चम्पा चौपायों को लेकर
चरवाही करने जाती है

चम्पा अच्छी है
        चंचल है
नटखट भी है
कभी-कभी ऊधम करती है
कभी-कभी वह क़लम चुरा देती है
जैसे-तैसे उसे ढूँढ़कर जब लाता हूँ
पाता हूँ-अब क़ाग़ज़ ग़ायब
परेशान फिर हो जाता हूँ

चम्पा कहती है :
तुम कागद ही गोदा करते हो दिन भर
क्या यह काम बहुत अच्छा है
यह सुनकर मैं हँस देता हूँ
फिर चम्पा चुप हो जाती है

उस दिन चम्पा आई, मैंने कहा कि
चम्पा, तुम भी पढ़ लो
हारे-गाढ़े काम सरेगा
गांधी बाबा की इच्छा है-
सब जन पढ़ना-लिखना सीखें
चम्पा ने यह कहा कि

मैं तो नहीं पढ़ूँगी
तुम तो कहते थे गांधी बाबा अच्छे हैं
वे पढ़ने-लिखने की कैसे बात कहेंगे
मैं तो नहीं पढ़ूँगी

मैंने कहा कि चम्पा, पढ़ लेना अच्छा है
ब्याह तुम्हारा होगा, तुम गौने जाओगी,
कुछ दिन बालम सँग-साथ रह चला जाएगा जब कलकत्ता
बड़ी दूर है वह कलकत्ता
कैसे उसे सँदेसा दोगी
कैसे उसके पत्र पढ़ोगी
चम्पा पढ़ लेना अच्छा है!

चम्पा बोली : तुम कितने झूठे हो, देखा,
हाय राम; तुम पढ़-लिखकर इतने झूठे हो
मैं तो ब्याह कभी न करूँगी
और कहीं जो ब्याह हो गया
तो मैं अपने बालम को सँग-साथ रखूँगी
कलकत्ता मैं कभी न जाने दूँगी
कलकत्ते पर बजर गिरे।

['धरती' से]

चित्रा जाम्बोरकर

नन्हे-नन्हे हाथों ने
पकड़ लिया मेरा हाथ
और शेकहैंड किया
चेहरे पर हँसी
और
रोम-रोम में फुर्ती
हँसी पकड़ लेती है
मैं भी हँसा
पूछा
तुम्हारा नाम

उसने कहा
चित्रा जाम्बोरकर
इशारा किया एक छोटे बच्चे की ओर
कहा
मेरा छोटा भाई है
रवीन्द्र जाम्बोरकर
उसको संकोच
आगे बढ़ने नहीं देता था
एक पाँव बढ़ाकर
मैंने हाथ मिलाया
मेरी हँसी देखकर वह भी हँसा
चित्रा से मैंने कहा
चित्रा जाम्बोरकर
आज से हम मित्र हैं
उसने भी हँसते हुए मुझसे कहा
अब हम मित्र हैं

दोनों भाई-बहन
खेलने में लग गए
मैं अपने घर आया
लेकिन आज
मन खाली नहीं था
चित्रा बस गई थी
जैसे राह की मेहँदी
नासिका से होती हुई
फेफड़ों में प्राय: बसा करती है

आजकल का ढंग ही विचित्र है
हमारे घर
जितने ही निकट-निकट होते हैं
उतने ही दूर-दूर
हमारे मन
होते हैं

यानी लगे हुए हम
कितने अलग-अलग हैं
मेरे अलगाव को
गिराती हुई
मुझे मिली
चित्रा जाम्बोरकर
और वह अलगाव
मेरा घरौंदा था
खेलने के बाद ही घरौंदे को
बच्चे गिरा देते हैं

चित्रा
जब मुझे पहले-पहल मिली
लेकिन वह
मुझे कहाँ मिली
उसने मुझे पा लिया
मेरा हाथ
अपनी हथेलियों में ले लिया
और कुछ दबाती रही
मैं थोड़ा चौंका था
मेरी चौंक चली गई
और हँसी आ गई
हँसी मिला जाती है
हृदय को हृदय से
मिलाने के लिए हँसी
सेतु है
चित्रा
मुसकराती रही
और
फिर
हँसती हुई मुझे देखती रही
खेलने वाले बच्चे
उसे खींच ले गए

जाते-जाते भी वह
उसी तरह
मुझे देख-देखकर
हँसती रही

यह नया अनुभव था
इसको अकेले ही
लिये रहना मेरे लिए
कठिन था
घर में मैंने कहा
थोड़े विस्तार से
पत्नी को सुनकर आनन्द हुआ
आनन्द से सदा
आनन्द होता है
यदि आदमी का मन
बँधा नहीं खुला हो
पूछ दिया
लड़की का नाम क्या है
मैंने कहा
यह तो पूछा ही नहीं मैंने।
उन्होंने कहा
अबकी पूछ लेना यह
बिना नाम दिए कोई
आनन्द निराकार होता है
मैंने सोचा
मुझे नाम पाना है
जो मैंने जाना है
उसको यदि दूसरे भी जानते हैं
तो वे क्या कहते हैं
अपने एकान्त से
क्या भाषा लेकर
संवाद सबसे करते हैं

चित्रा ने
अभी दिन
अधिक नहीं पहचाने
अभी तीन–चार बरस
की होगी
लेकिन पहचान को
बढ़ाने में
उलझन उसे
कोई नहीं
पहले दिन
जब उसने
मुझे रोक लिया था
तब उसका हँसलोना मुँह
मैंने देखा था
मुझे लगा
बच्ची नहीं
मुझे उसकी हँसी
रोक रही है
और
मैं रुक गया
मेरा हाथ
उसकी हथेलियों
में पड़ा था
मेरे पाँव रुक गए
हँसी केवल हँसी
हमें जोड़ रही थी
मैं तो टूटा–टूटा था
मुझे यही जान पड़ा
जब उसने
मेरा हाथ छोड़ दिया
आगे बढ़ते हुए
मैंने उसे
मुसकराहट लिये हुए

कई बार कई बार देखा
देखता हुआ मैं
आगे बढ़ता रहा
देखा उसकी हँसी
मेरा पीछा कर रही है

मैंने जिस भाव में
उसे देखा
उसको आनन्द
मैं कहता हूँ
आनन्द कभी-कभी
मन पर छा जाता है
मन को कुछ ऐसा
उभार दे जाता है
जो नया होता है, कमनीय होता है
हँसी-खेल के हैं दिन
चित्रा के लिए अभी
इसी हँसी-खेल में
उसकी पहचान
दिनोदिन बढ़ रही है।

['ताप के ताये हुए दिन' से]

जीवन का एक लघु प्रसंग

तब मैं बहुत छोटा था
कौन साल, कौन मास और कौन दिन था
यह सब कुछ याद नहीं,
जानता भी नहीं था,
पढ़ता था;
नाम और ग्राम लिखना आ गया था

स्कूल जाने का समय हो आया था
बहुत व्यग्र बुआ के पास खड़ा-खड़ा मैं
उससे किताबें नई लेने के लिए पैसे माँग रहा था

बुआ ने पूछा : जो किताब अभी ली गई थी उसको क्या पढ़ लिया
मैंने कहा : कब न पढ़ा, अब तो नई चाहिए, और सब खरीद चुके
दर्जे में जितने हैं, केवल मैं बाक़ी हूँ।
बुआ ने कहा : अभी वही पढ़ो, फिर पैसे दूँगी, कुछ दिन बीते,
ले जाना नई लेना,
मैंने कहा : बुआ, यह कैसे हो सकता है, वह दर्जा पास कर चुका हूँ मैं,
अब नई लेनी हैं, किताबें पुरानी बेकार हैं
बुआ ने कहा : किसी लड़के से माँग लो ना, तुमसे जो आगे पढ़ता रहा हो,
वह दर्जा पास कर चुका हो अब, जिसमें तुम नए-नए आए हो,
मैंने चिढ़कर कहा : बुआ, वे किताबें अब बदल गईं।

बुआ ने पूछा : क्यों?
क्या जानूँ-मैंने कहा,
अर्ध स्वगत बुआ बोलीं-सभी पैसे कमा रहे हैं,
मैंने पूछा : बुआ, क्या कहती हो, दाम मुझे देती हो,
बुआ ने कहा : आज मदरसे तुम चले जाओ, मास्टर से कह देना :
पैसे आज नहीं मिले, कल तक मिल जाएँगे

तब तक माँ आई और उसने कहा : रोज़-रोज़ कहती हूँ,
पढ़-लिखकर क्या होगा, पढ़ना अब बन्द करो इसका, घर काम करे,

पढ़ना हमारे नहीं सहता पर बात मेरी कौन यहाँ सुनता है।
रान-परोसी कहते हैं, लड़का इन्हें भारी है, इसी राह खो रहे हैं।

बुआ ने मुझसे कहा चिल्लाकर : जाओ तुम, नहीं तुम्हें देर होगी,
सब चले गए होंगे।

लेकिन मैं बुआ के पीछे जा खड़ा हुआ,
पूरी बात सुनना मैं चाहता था, गया नहीं।

बुआ ने कहा : धन्य बुद्धि, जो नहीं पढ़ते, वे सब क्या अमर हैं?
माँ ने कहा : देखते हुए मक्खी लीलते नहीं बनता,
पढ़-लिखकर ही आखिर फलाने विक्षिप्त हुए,
पढ़ते-लिखते ही तीन-चार जने मर गए,
तुमको तो जैसे कहा पत्ता भी नहीं खड़का,
गिरते हुए थोड़ा भी।

बुआ ने कहा : दुलहिन (माँ को वे यही कहा करती थी) इस बच्चे को
मैंने श्रद्धा से, प्रेम से, निष्ठा से,
विद्या को दान कर दिया है,
जानबूझकर दान कैसे फेर लूँ,
ऐसा कभी नहीं हुआ–
विद्या माता ही अब इसको निरखें–परखें।
रक्षा और पालन–पोषण करें!

['धरती' से]

भोरई केवट के घर

भोरई केवट के घर
मैं गया हुआ था बहुत दिन पर
बाहर से बहुत दिनों बाद गाँव आया था
पहले का बसा गाँव उजड़ा–सा पाया था
उससे बहुत–बहुत बातें हुईं
शायद कोई बात छूट नहीं सकी
इतनी बातें हुईं

भीतर की प्राणवायु सब बाहर निकालकर
एक बात उसने कही
जीवन की पीड़ा भरी
बाबू, इस महँगी के मारे किसी तरह अब तो
और नहीं जिया जाता
और कब तक चलेगी लड़ाई यह?

ऐसा जान पड़ा जैसे भोरई निरुपाय और असहाय
आकंठ दुख के अभाव के समुद्र में पड़ा हुआ
उसकी विकट लहरों के थपेड़े सह रहा था

इस अकारण पीड़ा का भोरई उपचार कौन–सा करता
वह तो इसे पूर्वजन्म का प्रसाद कहता था
राष्ट्रों के स्वार्थ और कूटनीति,
पूँजीपतियों की चालें

वह समझे तो कैसे!
अनपढ़ देहाती, रेल–तार से बहुत दूर
हियाई का बाशिन्दा
वह भोरई।

['धरती' से]

कल फिर वह भिक्षुक आया था

कल फिर वह भिक्षुक आया था जो शाहों की
भाषा में बोला करता है। उसकी ऐसी
आदत ही है। सुनने वाले ऐसी वैसी
बातें आपस में करते हैं। वह राहों की
सारी बातें समझ चुका है। उसको इनकी
चिन्ता तिल भर नहीं। जानता है वह रस्ते
ढोकर उन्हें छोड़ देते हैं आखिर सस्ते
ठोकर सदा लगाने में हैं चूक न' जिन की।
छोटे–बड़े अमीर–ग़रीब द्वार पर सबके
जाता है, चिल्लाता है–'मेरा दे जाओ,
अपना ले जाओ।' सूने में मिलो, 'सुनाओ'
कहता है, हँसता है, 'राह देखना अब के
द्वार तुम्हारे आऊँगा बन्दा हूँ उसका।'
बुझती बाती स्नेह सहित देता है उसका।

['उस जनपद का कवि हूँ' से]

गोविन्द आज तुम नहीं हो

गोविन्द,
आज तुम नहीं हो
नहीं हो गोविन्द!

चाहता हूँ : होते तुम
कितना अच्छा होता
संग होता साथ होता
आँखें देखतीं तो तुम्हें

बाँहें बाँधतीं तो तुम्हें
गोविन्द!

गोविन्द,
आज तुम नहीं हो
कहाँ खोजूँ
कहीं नहीं हो
पता नहीं कहाँ हो
पता नहीं कहाँ हो
पता दोगे अपना?–
तुम्हें पत्र लिखने की
इच्छा हो आती है बार–बार
कहाँ लिखूँ?
पता नहीं कहाँ हो
पता दोगे अपना

बिना कुछ कहे–सुने
अकस्मात्
एक दिन
कहाँ तुम चले गए

तुमको क्या यह भय था
मेरी बाँहें बाँध लेतीं
तुम्हें मुक्ति न मिलती
इतना अविश्वास था
फिर भी तुम मुझको विश्वासपात्र कहते रहे
मेरी अनुपस्थिति में तुम जो यों चल दिए
कुछ अच्छा नहीं किया

भैया,
आज तुम न जाने कहाँ हो

सोचता हूँ
तुमको अचानक मैं कभी कहीं
पकड़ पाता

तो कहता :
देखा,
तुम्हें खोज लिया
खोज लिया और छिपो
किन्तु हाय
व्यर्थ सब विचार, व्यर्थ सब उपाय
आ जाते हैं अनन्त अन्तराय
सुनता हूँ वह तुम्हारा रूप दग्ध हो चुका
गंगा की तरंगें राख भी समेट ले गईं
अब भी तुम हो क्या, कहीं
कहाँ हो?

आँखें तुम्हें देख अब नहीं पातीं
कान में तुम्हारे स्वर नहीं पड़ते
बाँहें भी तुम्हारी अब न' बनती हैं कंठहार

किन्तु मन बार-बार
तुम्हारा ध्यान करता है
बातें भी होती हैं
प्रसंग सब पुराने वही
किन्तु रस नित्य नया

भैया,
तुम कैसे हो
कहाँ हो
स्वस्थ हो कि नहीं
कभी-कभी मेरी भी याद तुम्हें आती है?
कहो, कभी मेरी भी याद तुम्हें आती है?

['धरती' से]

आजकल लड़ाई का जमाना है

आजकल लड़ाई का ज़माना है
घर, द्वार, राह और खेत में

अपढ़-सुपढ़ सभी लोग
लड़ाई की चर्चा करते रहते हैं

जिन्हें देश काल का पता नहीं
वे भी इस लड़ाई पर अपना मत रखते हैं
रूस, चीन, अमेरिका, इंग्लैंड का
जर्मनी, जापान और इटली का
नाम लिया करते हैं
साथियों की आँखों में आँखें डाल-डालकर
पूछते हैं, क्या होगा

कभी यदि हवाई जहाज़ ऊपर से उड़ता हुआ जाता है
जब तक वह क्षितिज पार करके नहीं जाता है
तब तक सब लोग काम-धाम से अलग होकर
उसे देखा करते हैं

अंडे, बच्चे, बूढ़े या जवान सभी
अपना-अपना अटकल लड़ाते हैं :
कौन जीत सकता है
कभी परेशान होकर कहते हैं :
आखिर यह लड़ाई क्यों होती है
इससे क्या मिलता है

हाथ पर हाथ धरे हिन्दुस्तान की जनता बैठी है
कभी-कभी सोचती है : देखो, राम या अल्लाह
किसके पल्ले बाँधते हैं हम सबको
हिन्दुस्तान ऐसा है
बस जैसा-तैसा है।

['धरती' से]

उजले बादल आकाश में

[1]

उजले-उजले बादल आकाश में
दस बजे दिन के प्रकाश में

आते हैं, आगे बढ़ जाते हैं
जाते-जाते कुछ कह जाते हैं

[2]

हवालात के आगे राह है
लोगों के लक्ष्य का प्रवाह है
लोग व्यस्त आते हैं जाते हैं
चन्द कदम दिखकर छिप जाते हैं

[3]

स्वतन्त्रता का कितना मान है
मुझको अब इसका अनुमान है
सामने, वह, पिंजरे में तोता है
उसे देख दर्द आज होता है

['धरती' से]

दीवारें दीवारें दीवारें दीवारें

दीवारें दीवारें दीवारें दीवारें
चारों ओर खड़ी हैं। तुम चुपचाप खड़े हो
हाथ धरे छाती पर, मानो वहीं गड़े हो।
मुक्ति चाहते हो तो आओ धक्के मारें
और ढहा दें। उद्यम करते कभी न हारें
ऐसे-वैसे आघातों से। स्तब्ध पड़े हो
किस दुविधा में। हिचक छोड़ दो। ज़रा कड़े हो।
आओ, अलगाने वाले अवरोध निवारें।
बाहर सारा विश्व खुला है, वह अगवानी
करने को तैयार खड़ा है, पर यह कारा
तुमको रोक रही है। क्या तुम रुक जाओगे।
नहीं करोगे ऊँची क्या गरदन अभिमानी।
बाँधोगे गंगोत्री में गंगा की धारा।
क्या इन दीवारों के आगे झुक जाओगे।

['उस जनपद का कवि हूँ' से]

लाश

विंध्यपाद में देखा एक लाश को सड़ते,
था अनुकूल पवन, जा पहुँचा। सम्मुख देखा,
दहल गया। जीवन का ऐसा भी क्या लेखा?
अब अन्दार उठ रहा था। धीरज को अड़ते
नहीं पा रहा था। झोंके सड़ाँध के गड़ते
थे घ्राणेन्द्रिय में। कीड़ों की गति की रेखा
सूर्य-प्रभा से भासमान थी। मैंने पेखा
उत्तरचरित देह का। कुछ विमोह में पड़ते

फिर सोचा, इसका ऐसा क्यों अन्त हो गया?
क्या इसका अपना कोई भी कहीं नहीं था?
क्या इसकी अन्तिम शय्या का स्थान यहीं था?
फिर दुर्गन्धि और मन का सन्तुलन खो गया।
आँखों पर बुद्‌बुद् फूटा, कनपटी धो गया।
तन था, मन था; पर मन, मन तो और कहीं था।

['दिगन्त' से]

भादों की रात

भरी रात भादों की...पथ...लपका वह कौंधा
दीप्ति भर उठी आँखों में इतनी, फिर हम-तुम
कुछ भी पकड़ सके न डीठ से, छाया चौंधा।
तड़ तड़ तड़त्तड़ाड़ ध्राङ ध्रा ध्राङ ध्रुङ ध्रूहुम्

धाराधर का गगन-गान सुनकर तुम बोले
"चलो कहीं रुक जाएँ, रात भी अधिक हो गई,
दिन-दिन चलना अच्छा होगा।" पथ पर टोले
गाँव कहीं दीखते नहीं थे। "कहाँ खो गई

वह धृति जो तुमको उभारकर पथ पर लाई?"
मैंने कहा। फिर चमक, कड़कड़ कड़क कड़ग्घम्।
पकड़ तुम्हारे हाथों की कन्धे पर पाई,
बाग़ आ गया था, शरणस्थल मिला, गए जम।

रिमझिम रिमझिम–छक् छक् छक् छक्–सर् सर् सर् सर्
चम चम चमक–धमाके घन के, उत्सव निशि भर।

['दिगन्त' से]

चारों ओर घोर बाढ़ आई है

पृथ्वी गल गई है
पेड़ों की पकड़ ढीली हो गई है
आज ककरिहवा आम सो गया
सुगौवा को देखो तो
शाखा का सहारा मिला गिरकर भी बच गया
पानी ही पानी है
खेतों की मेंड़ों पर दूब लहराती है
मेंढक टरटों टरटों करते हैं
उनका स्वरयन्त्र फूल आया है
बगले आ बैठे हैं जहाँ–तहाँ
मछलियाँ चढ़ी हैं ख़ूब

बौछारें खा–खाकर
दीवारें सील गईं
इनमें अब रहते भय लगता है
दक्खिन के टोले में
रामनाथ का मकान
बैठ गया
यह तो कहो पसु–परानी बच गए
अब कल क्या खाएँगे
सुनते हैं, उत्तर की ओर, रामपुर में
पानी पैठ गया है
लोग ऊँची जगहों में जा–जाकर ठहरे हैं
कुछ पेड़ों पर चढ़े
इधर–उधर देखते हैं
वर्षा का तार अभी नहीं थमा
यह कैसा दुर्दिन है।

['तुम्हें सौंपता हूँ' से]

बाढ़ में दशाश्वमेध घाट

दशाश्वमेध घाट पर गंगा की धारा है
तट पर जल के ऊपर-ऊँचे भवन खड़े हैं
विपुल गुहा-कक्षी ज्यों क्षुद्र पहाड़ गड़े हैं।
बिजली जली ज्योति से भग्न तिमिर कारा है।
तोड़ मारते जल-प्रवाह का स्वर न्यारा है।
जल पर पीपल की शाखा के छत्र पड़े हैं
दल दल के तम से बिजली के स्रोत लड़े हैं
तमसाच्छन्न क्षितिज-तरुश्रेणी, नभ सारा है।

रेंरें बैठे, काली सड़क दाहिने-बाएँ,
जल को छूते तख्ते, तख्तों पर सैलानी
जमे हुए हैं, कहीं चल रही कथा-कहानी,
नौजवान आते हैं, आती हैं महिलाएँ
विस्फारित लोचन बिलोकने वे उपदाएँ
जो गंगा ने दी हैं, जो हैं आनी-जानी।

['दिगन्त' से]

झापस

आठ पहर की टिप्-टिप्

सड़क भीग गई है
पेड़ों के पत्तों से बूँदें
गिरती हैं टप्
टप्
हवा सरसराती है
चिड़ियाँ समेटे पंख यहाँ-वहाँ बैठी हैं

ऐसे लोग आते हैं जाते हैं
जो काम टाल नहीं सकते
किसी तरह

सुरमई है
दिन की आभा
छाया सी सभी ओर छाई है

बादलों ने हलकी अँगड़ाई ली
एक ओर चमक ज़रा बढ़ गई
हवा नए अँखुओं से यों ही बतियाती है
उनका सिर हिलता है
फूल खिलखिलाते हैं।

['ताप के ताये हुए दिन' से]

बादलों में लग गई है आग दिन की

बढ़ रही क्षण-क्षण शिखाएँ
दमकते अब पेड़-पल्लव
उठ पड़ा देखो विहग-रव
गए सोते जाग
बादलों में लग गई है आग दिन की

पूर्व की चादर गई जल
जो सितारों से छपाई
दिवा आई दिवा आई
कर्म का ले राग
बादलों में लग गई है आग दिन की

जो कमाया जो गँवाया
छोड़, उसका छोड़ सपना
और कर-बल, प्राण अपना
आज का दिन भाग
बादलों में लग गई है आग दिन की

वास तजकर बिचरते पशु
विहग उड़ते पर पसारे

नील नभ में मेघ हारे
भूमि स्वर्ण पराग
बादलों में लग गई है आग दिन की।

['धरती' से]

सन्ध्या ने मेघों के कितने चित्र बनाए

सन्ध्या ने मेघों के कितने चित्र बनाए–
हाथी, घोड़े, पेड़, आदमी, जंगल, क्या–क्या
नहीं रच दिया और कभी रंगों से क्रीड़ा
की, आकृतियाँ नहीं बनाईं। कभी चलाए
झीने से बादल जिनमें चटकीली लाली
उभर उठी थी, जिनकी आभा हरियाली पर
थिरक उठी थी। जाते–जाते क्षितिज–पटी पर
सूरज ने सोना बरसाया। छाया काली
बढ़ने लगी, रंग धीरे–धीरे फिर बदले,
पेंसिल के रेखा–चित्रों से बादल छाए।
विविध रूप–आकार बदलते से, ज्यों नहाए
हुए प्रकाश और छाया में, अपना पद ले।
रात उतर आई, दिखलाई दिये सितारे,
पेड़, गाँव अस्पष्ट दिखे, मानव–दृग हारे।

['उस जनपद का कवि हूँ' से]

आज का दिन बादलों में खो गया था

आज का दिन बादलों में खो गया था
दृष्टि में आकर शशक जैसे
चपल से चपल होकर
सघन पत्रश्याम वन में खो गया था

वायु भू पर और ऊपर
नवल लहराते हुए घन श्याम सुन्दर

कहीं धौरे कहीं कारे
लहर तिल-तिल पर सँवारे
मधुर-मधुर सजीव गर्जन से
ध्वनित जग हो गया था

पंक हो पथ-अंक में रज-कण मिले कल
आज सूखे मार्ग निर्मल
सतत आग्रहशील आकर
पवन शीतल स्पर्श कर-कर
अब अवज्ञा पात्र
अति परिचय-जनित वह हो गया था
दूर से, मेरे क्षितिज के पार, पश्चिम में कहीं से
सतत वर्षण-शील जलदों को चलाकर
मधुर गर्जन-शील कर बिजली जगाकर
पथ-जनित निज शुष्कता
धन-सीकरों के स्पर्श हर
उच्छ्वसित पछुआ हवा तरु, शस्य और सरोवरों को
अनवरत गति की कहानी साँस सी लेकर सुनाकर
मधुर संचित स्नेह सी करती समर्पण मौन अपना
आज मेरे पास आई
आ गया मन
जो स्मरण में प्रिय प्रवासी हो गया था

['धरती' से]

बादल चले गए वे

बना-बनाकर
चित्र सलोने
यह सूना आकाश सजाया
राग दिखाया
रंग दिखाया
क्षण-क्षण छवि से चित्त चुराया
बादल चले गए वे

आसमान अब
नीला-नीला
एक रंग रस श्याम सजीला
धरती पीली
हरी रसीली
शिशिर-प्रभात समुज्ज्वल गीला
बादल चले गए वे
दो दिन दुख का
दो दिन सुख का
दुख-सुख दोनों संगी जग में
कभी हास है
कभी अश्रु है
जीवन नवल तरंगी जग में
बादल चले गए वे
दो दिन पाहुन जैसे रहकर

['धरती' से]

एक पहर दिन आया होगा

सर्दी के ठिठुरे शरीर के
अंग-अंग को छूकर
सूरज की किरणों ने
बँधी मुट्ठियों को खोला
फिर अंग-अंग की सिकुड़न हरकर
और रक्त का संचालन कर
स्वस्थ बनाया

आँख उठाई
देखा, कुहरा कहीं नहीं है
नहीं भागकर चला गया वह दूर दृष्टि से
क्षितिज-शरण में

बीस कदम पर उन पेड़ों को खड़े निहारा
जो प्रकाश में
सहज समीरण की लहरों से खेल रहे थे

देखा, उनकी श्यामल हरियाली में
हलके धुएँ की तरह
कुहरा
किरणों से परास्त हो
छिपकर रहने का उद्योग अथक करता था

ऐसा लगता था कि
सुविस्तृत आसमान का
नीला नीला रंग छूटकर
पेड़ों के पत्तों-पत्तों में
गिरते-गिरते उलझ गया है

चरखी, पेड़की और किलहँटा
गौरैया, महोख, बनमुर्गी
चारा चुनने दरवाज़े पर
जाने कहाँ-कहाँ से आए
सूर्योदय से ही
चिर परिचित।

['धरती' से]

हंस के समान दिन उड़कर चला गया

हंस के समान दिन उड़कर चला गया
        अभी उड़कर चला गया

पृथ्वी आकाश
डूबे स्वर्ण की तरंगों में
गूँजे स्वर
ध्यान-हरण मन की उमंगों में

बन्दी कर मन को वह खग चला गया
अभी उड़कर चला गया

कोयल-सी श्यामा-सी
रात निविड़ मौन पास
आई जैसे बँधकर
बिखर रहा शिशिर-श्वास
प्रिय संगी मन का वह खग चला गया
अभी उड़कर चला गया।

['धरती' से]

धूप सुन्दर

धूप सुन्दर
धूप में
जग-रूप सुन्दर
सहज सुन्दर
व्योम निर्मल
दृश्य जितना
स्पृश्य जितना
भूमि का वैभव
तरंगित रूप सुन्दर
सहज सुन्दर

तरुण हरियाली
निराली शान शोभा?
लाल पीले
और नीले
वर्ण-वर्ण प्रसून सुन्दर
धूप सुन्दर
धूप में जग-रूप सुन्दर

ओस कण के
हार पहने

इन्द्र–धनुषी
छबि बनाए
शस्य तृण
सर्वत्र सुन्दर
धूप सुन्दर
धूप में जग–रूप सुन्दर

सघन पीली
ऊर्मियों में
बोर
हरियाली
सलोनी
झूमती सरसों
प्रकम्पित वात से
अपरूप सुन्दर
धूप सुन्दर

मौन एकाकी
तरंगें देखता हूँ
देखता हूँ
यह अनिर्वचनीयता
बस देखता हूँ
सोचता हूँ
क्या कभी
मैं पा सकूँगा
इस तरह
इतना तरंगी
और निर्मल
आदमी का
रूप सुन्दर
धूप सुन्दर
धूप में जग–रूप सुन्दर
सहज सुन्दर।

['धरती' से]

गाय करती है घमौनी

आँख मूँदे, पेट पर सिर टेक
गाय करती है घमौनी बँधी जड़ से
पेड़ की छाया खड़ी दीवार पर है

['अरघान' से]

जीवन का खेल

मेमने कुदकते हैं
जाड़े की धूप को जीवन के खेल से
आँक-आँक देते हैं

['अरघान' से]

झाँय-झाँय करती दुपहरिया

झाँय-झाँय करती दुपहरिया नाच रही थी
जलती हुई। भौर सी गर्मी की पगडंडी
मुझे ले गई आमों की बारी में। की थी
नहीं अधिक की आशा। पाकर छाया ठंडी,
आँख मूँदकर सोचा मन में, स्वर्ग यही है।
तब तक देखा तुमको। इस उस पेड़ के तले
आम बीनते। अनुभव किया, पुकार रही है
प्यास, सुखाकर तालू को। फिर पैर ले चले
पास तुम्हारे। जाकर बोला, प्यास लगी है।
'कौन', 'कहाँ से' पूछा तुमने, और कहा, 'अब
यहाँ तुम्हें खाने को क्या दूँ। साफ़ जगी है
पपड़ी ओठों पर। ढेसर हैं गिरे आम सब।'
ढेसर आम खिलाकर पानी मुझे पिलाया।
ये वे बातें-'फिर आना' कब मिला-मिलाया।

['उस जनपद का कवि हूँ' से]

गेहूँ जौ के ऊपर सरसों की रंगीनी

गेहूँ जौ के ऊपर सरसों की रंगीनी
छाई है, पछुआ आ-आकर इसे झुलाती
है, तेल से बसी लहरें कुछ भीनी-भीनी
नाक में समा जाती हैं, सप्रेम बुलाती
है मानो यह झुक-झुककर। समीप ही लेटी
मटर खिलखिलाती है, फूलभरा आँचल है,
लगी किचोई है, अब भी छीमी की पेटी
नहीं भरी है, बात हवा से करती, बल है
कहीं नहीं इसके उभार में। यह खेती की
शोभा है। समृद्धि है, गमलों की ऐयाशी
नहीं है, अलग है यह बिलकुल उस रेती की
लहरों से जो खा ले पैरों की नक्काशी।
यह जीवन की हरी ध्वजा है, इसका गाना
प्राण-प्राण में गूँजा है मन-मन का माना।

['उस जनपद का कवि हूँ' से]

दूब, गर्मियों में देखा, भूरी-भूरी थी

दूब, गर्मियों में देखा, भूरी-भूरी थी,
लगा कि बस दो-चार दिनों के लिए और है,
पर दो-चार दिनों की यह दूरी दूरी थी
ऐसी जो न समाप्त हुई; चल रहा दौर है
अभी भोग का उसके मुझको जान यों पड़ा।
वर्षा आई। घटा घिरी। पूर्वा लहराई।
कल्प हो गया उसी दूब का और सब झड़ा
पहले का संकोच, नई ही चाल दिखाई।
सौ-सौ अँखुओं से करने लग गई इशारा
उसी पवन को जिस पर पानी पड़ा हुआ था।
जाड़े में ओस से नहाई और पुकारा
पूषण को, अनुराग उसी का जड़ा हुआ था।

धूल लगी हो चाहे चटकीली चिकनाई
हो, जीवन जीवन में कहाँ भिन्नता आई।

['उस जनपद का कवि हूँ' से]

कटहल के फूलों की लहरों ने रोका था

कटहल के फूलों की लहरों ने रोका था
बढ़ते पैरों को रस्ते पर, चाँद तीज का
बस डूबने डूबने था। तुमने टोका था,
'कौन?' खड़ा हो गया। अचानक यही कह सका
'कौन चाहिए।' अगली बातें, देख रहा हूँ
अपने आप कुढंगी, इस पर, 'तुम्हें बोलना
आता नहीं?' कहा तो, 'कुछ-कुछ सीख रहा हूँ।'
'बड़े ढीठ हो राही, मुँह किस समय खोलना
होता है, तुमको इसका कुछ भी नहीं पता।'
'बड़ों ने कहा था, बोलो जब कोई पूछे'—
धीरे से यह कहा, फिर कहा—'माफ़ हो ख़ता
माला कोई जैसे चाहे गूँथे-गूछे।'
वह सर्दी की रात और बातों की गर्मी,
वह कठोरता गई, रह गई केवल नर्मी।

['उस जनपद का कवि हूँ' से]

देख रहा हूँ गंगा के उस पार

देख रहा हूँ गंगा के उस पार धूल की
धारा बहती चली जा रही है, चढ़-चढ़कर
वायु। तरंगों पर, अपने बल से बढ़-बढ़कर
धूसर करती हुई क्षितिज को, वृक्ष-मूल की
शोभा हरित शस्य की निखरी, विषम कूल की
अखिल शून्यता हरती है छवि से मढ़-मढ़कर

मानव-आकृतियाँ निःस्वन गति से पढ़-पढ़कर
जीवन-मन्त्र कहानी देतीं शूल-फूल की।

मैं इस पार नहीं हूँ, आँखें उसी पार को
दौड़-दौड़ जाती हैं, लहर-लहर से होकर
तट की सतत वक्र रेखाओं का अनुधावन
करती हुई, धूल-धारा को, कृषि-उभार को,
पुनः क्षितिज की वृक्षशीर्षरेखा को, टोकर
नील व्योम में करती है अनुभव-सम्भावन।

['शब्द' से]

चाँदनी चमकती है गंगा बहती जाती है

[1]

चल रही हवा
धीरे-धीरे
सीरी-सीरी;
उड़ रहे गगन में
झीने-झीने
कजरारे
चंचल
बादल!
छिपते-दिपते
जब-तब
तारे
उज्ज्वल, झलमल।
चाँदनी चमकती है गंगा बहती जाती है

[2]

ऋतु शरद और
नवमी तिथि है

है कितनी-कितनी मधुर रात
मन में बस जाती शीतलता
है अभी नहीं जाड़ा कोई
बस ज़रा ज़रा रोएँ काँपे
तन-मन में भर आया उछाह
हाँ, दिन भी आज अजीब रहा-
रिमझिम-रिमझिम पानी बरसा
फिर खुला गगन
हो गई धूप
दिन भर ऐसा ही रहा तार
कपसीले, ऊदे, लाल और
पीले, मटमैले-दल के दल
आए बादल
अब रात
न उतना रंग रहा
काला-हलका या गहरा
या धुएँ-सा
कुछ उजला-उजला
किसके अतृप्त दृग देखेंगे
चाँदनी चमकती है गंगा बहती जाती है

[3]

कुछ सुनती हो,
कुछ गुनती हो,
यह पवन, आज यों बार-बार
खींचता तुम्हारा आँचल है
जैसे जब-तब छोटा देवर
तुमसे हठ करता है जैसे
तुम चलो जिधर वे हरे खेत।
वे हरे खेत-
है याद तुम्हें?-
मैंने जोता तुमने बोया

धीरे-धीरे अंकुर आए
फिर और बढ़े
हमने-तुमने मिलकर सींचा
फैली मनमोहन हरियाली
धरती माता का रूप सजा
उन परम सलोने पौधों को
हम दोनों ने मिल बड़ा किया
जिनको नहलाते हैं बादल
जिनको बहलाती हैं बयार
वे हरे खेत कैसे होंगे
कैसा होगा इस समय ढंग
होंगे सचेत या सोये से
वे हरे खेत
चाँदनी चमकती है गंगा बहती जाती है

[4]

है सन्नाटा बढ़ रहा
रात भी बीत रही है
सारा आलम सोया है
पशु-पंछी सोए हैं
तो अर्थहीन
कुछ अर्थपूर्ण
स्वर जग में व्यापे
फिर कौन कहे
दुनिया कब,
क्या-क्या, जीत रही है
तब कौन किसे समझाए
सब खोए खोए हैं
फिर कौन कहाँ तक जन-जन की
करुणा को नापे
चाँदनी चमकती है गंगा बहती जाती है

['धरती' से]

मेहँदी और चाँदनी

मेहँदी की अरघान उड़ी। देखा, फिर ठहरा;
 कपिश गहगहे विमल फूल खिलखिला रहे हैं
 अपने सौरभ के स्वर मिलकर मिला रहे हैं।
हवा चली, मानो वे बोले, निशिदिन पहरा
यहाँ हमारा रहता है। गहरे से गहरा
 भेद हमारे यहाँ खुलेगा। दिला रहे हैं
 हम मेहँदी से मर्म सत्य का; पिला रहे हैं
अमृत घ्राण को। स्वार्थ यहाँ तक आते हहरा।
वर्षा-सीकर-भरी हवा, मेहँदी की मँह-मँह
 जी करता है, मैं अंजलि भर-भर पी जाऊँ
 जैसे फुलसुँघनी गाती है वैसे गाऊँ।
वृक्ष, लताएँ, पौधे, तृण धरती पर डह-डह
करप रहे हैं। मेघ-नगर में ज्योत्स्ना टह-टह
 उग आई अब। आँखें सहस कहाँ से लाऊँ!

['दिगन्त' से]

स्त्री के लिए जान दे दी

'स्त्री के लिए जान दे दी।' मैंने जब पूछा
तब उनसे उत्तर पाया जो लाश उठाए
अस्पताल की ओर जा रहे थे, पिछियाए
कुछ पुलीस वाले भी थे। वह घट है छूछा
इधर-उधर कुछ रक्त लगा है, जिसकी लाली
शेष नहीं है, और सूख जाने से काला
स्याह पड़ गया है। कुछ भी तो पहले वाला
अक्षत भाव नहीं है, चेहरे की हरियाली
भला अब कहाँ, कई घाव जैसे मुँह बाए
नीरव आत्मकथा कहते थे—मद जीवन का।
यौवन का, धन का सब कुछ धोखा था मन का।
ऐसी भी क्या बात कि नारी यह बलि पाए

उसमें क्या है, उसमें क्या है, उसमें क्या है।
पुरुष अगर कुछ है तो उसका पौरुष क्या है।

['उस जनपद का कवि हूँ' से]

संगी रहे आज तारे सारी रात

[1]

उड़-उड़ आए बादल
औ' चले गए
सब चले गए
तारे, तारे केवल
जो नए-नए
सब नए-नए
मिले देखते मुझको
एक लगन सारी रात

[2]

एक-एक वायु-लहर
गई अधर चूम
गई अधर चूम
उड़े बाल काँपा तन
और गया झूम
और गया झूम
एक ध्यान लिये रहा
एक लगन सारी रात

[3]

होगा जब प्रात नवल
अरुण वर्ण गात
अरुण वर्ण गात

मेरी निशि का क्रन्दन
होगा अज्ञात
होगा अज्ञात
किरन–धौत चमकूँगा
कहकर लो गई रात

['धरती' से]

रैन बसेरा

परमानन्द 'आनन्द'
रात 12 बजे मिले;
शिवकुमार शुक्ल के बुलाने पर
पुरुषोत्तम पानवाले के यहाँ
मैं कुछ पहले बैठा था;
मेरा मुँह सड़क की ओर था
भीतर पान और कोई बात थी
चार–पाँच और लोग
इधर–उधर जगह देख–भालकर जमे थे
चर्चा कुछ पहले से
पाकिस्तान–भारत की चली थी
मुझसे भी किसी एक ने स्वर को ऊँचा कर
औरों का स्वर दबाते हुए
उस पर पूछ दिया;
मुझे देखते पाकर
सड़क से परमानन्द खिंच आए
नमस्कार करके कहा
गुरूजी, चलते हैं रात अधिक जा चुकी
बात पूरी करके मैंने शुक्लजी से कहा
शुक्लजी, आज्ञा है
शुक्ल ने संकोच से कहा
आज्ञा और आपको
मैं खड़ा हुआ कि चलूँ

अब परमानन्द को एक नौजवान ने आते ही
शब्दों से पकड़ लिया
दोनों में जान–पहचान थी
उसने परमानन्द से पान का प्रस्ताव किया
परमानन्द ने उसे मेरा परिचय दिया
कहकर यह हम सबके गुरू हैं
उसने मुझे देखा तो मैंने कहा
मैं तो यही जानता हूँ सब मेरे गुरू हैं
आप एक और हुए
परमानन्द बोले उस युवक से
कहीं कोई कमरा दिलवाओ
उसने पूछा किराया मुहल्ला
परमानन्द ने बता दिया
मैंने कहा, युवक को सुनाते हुए,
परमानन्द जी, चरित्र का प्रमाण चाहिए
तब शायद कमरा मिले
दोनों ही चरित्र पर खुलकर हँसे
पान नौजवान ने विनय से दिए
और हम अलग हुए
परमानन्द बोले, मैं आज बहुत थका हूँ
और कहीं सो जाना चाहता हूँ
मैंने कहा, आप कहाँ सोते हैं
आजकल बोले कोई ठीक नहीं
पिछले दो–चार दिनों से मैं
कैलास पर सो जाया करता हूँ
मैंने कहा, कैलास जगह सुनसान है
वहाँ कोई रहता नहीं रात में
वे बोले,
प्रवासीजी कहते थे
तुम वहाँ सोते हो इससे कुछ लोगों को
बाधा पहुँचती है
तुम्हें मार देने की चर्चा मैंने सुनी है

मैंने कहा, यदि ऐसी बात है
कहीं और सोइए
अब बोले, गुरूजी
मैं किसी का क्या लेता हूँ
कहीं सो रहता हूँ
मैंने कहा परमानन्दजी
किसी दिन पुलिस आपको पकड़े
ऐसे में तो मुश्किल पड़ेगी
बोले, मैं तो केवल सोता हूँ
मैंने कहा, मानेगा कौन बात आपकी
पुलिसवाले
या महेशप्रसाद जिला अधिकारी
या कचहरी
समाचार-पत्रों को एक समाचार
मिल जाएगा
चोर पकड़ा गया
कहते हैं वह कवि है
परमानन्द अपनी जँभाई रोकते हुए
ख़ूब हँसे
बोले, गुरूजी,
बहुत थका हूँ
किसी जगह पड़ जाना चाहता हूँ
मैंने पूछा,
आप कहाँ आजकल हैं
बोले, एक जूनियर हाईस्कूल में
प्रिंसिपल
मैंने कहा, और फिर भी
आपको मकान नहीं मिलता
परमानन्द तेजी से
नाली पर जा बैठे
मैंने चाल कम कर दी
देखा आकाश को

अगल-बगल
एक बन्द फाटक से लगा हुआ
सिकुड़कर कुत्ता एक
बैठा या टिका था
पेट में छिपाए मुँह
सोचा अब ठंड बढ़ गई है
आ गए परमानन्द
बोले आज
सोचता हूँ, मैं उलाववाली
धर्मशाला में सो रहूँ
उलाववाली धर्मशाला में
पूछा मैंने बिना रुके कहा
अभी चार-पाँच दिन पहले की
बात है उलाव कोठीवाला
पिस्तौल लेकर वहाँ जा धमका था
रामविलास थे वहाँ
दाढ़ी वाले सोशलिस्ट
पिस्तौल देखकर
तेजस्वी शब्दों से
काम लिया
आग आगे नहीं बढ़ी
झगड़ा बढ़ते-बढ़ते
किसी तरह शान्त हुआ
अब कैसा हाल है
मुझको मालूम नहीं
परमानन्द ने कहा, गुरूजी,
द्वार लगा रहता है ताला नहीं लगता
और कोई प्रायः नहीं रहता
आज खाली मिलने पर वहीं सो जाऊँगा
देखिए मैंने कहा
बरगद के पेड़ से एक चिड़िया उड़ गई
दोनों का ध्यान गया आँखें उठीं उस ओर

पाँव बढ़ा ही किए
धर्मशाला आ गई
परमानन्द ने कहा गुरूजी, मैं देख लूँ
मैं रुका धर्मशाला की कुर्सी ऊँची है
परमानन्द ऊपर गए
दरवाजा हाथ से दबाते ही खुल गया
अन्दर गए देखा-भाला होगा
सिर ज़रा बाहर निकालकर
परमानन्द ने कहा गुरूजी,
यहाँ कोई नहीं है
अब मैं सो रहूँगा नमस्कार
अब मैं अपने घर या कमरे को
उन्मुख था
कमरा एक और रहने वाले तीन
पत्नी, बच्चा और मैं
चौथे की गुंजाइश यहाँ नहीं
मेरी अनकही चिन्ता
मेरी बिथा बना की

['तुम्हें सौंपता हूँ' से]

समुद्र के किनारे

आज हम समुद्र के किनारे हैं

जीवन का ज्वार यहाँ
आता है तो आता है
क्या-क्या साथ लाता है
शंख, सीप, घोंघे
जलचर जीव
और भी बहुत-कुछ

जीवन का ज्वार यहाँ
आता है तो आता है

हरियाली और बढ़ आती है
उदासी उड़ जाती है
लजाती हुई बेला
चादर को ज़रा और खींच लेती है

ज्वार
फिर ज्वार
फिर ज्वार
ज्वार ज्वार ज्वार
        अट्टहास फेनिल तरंगों का
                लगातार
        थोड़ी देर बाद
                सभी लहरें
        एक-एक
                वहीं लौट जाएँगी
        जहाँ से बढ़ आई हैं
        फिर
                भीगी वेला रह जाएगी
        समीर यहाँ आएगा
        समुद्र की कहानी कह
                आगे बढ़ जाएगा

['तुम्हें सौंपता हूँ' से]

अस्वस्थ होने पर

मित्रों से बात करना अच्छा है
और यदि मुँह से बात ही न निकले तो
उतनी देर साथ रहना अच्छा है
जितनी देर मित्रों को
यह चुप्पी न खले।

['तुम्हें सौंपता हूँ' से]

मैंने जो सोचा था

मैंने जो सोचा था
वह नहीं हुआ

सोचा था, सब मेरे हैं
वे सब क्यों मुझको
जैसे अहेर घेरे हैं;
आसमान से
बचने की माँगी दुआ

हैं मानव इतने सारे
क्यों ये असहाय हुए
अलग-अलग हारे
चिन्ताओं ने
मेरे ही मन को छुआ

जैसे हो चलना तो है
भले कुछ न हो संभर
वही कम नहीं है जो है
एक ओर खाई है
एक ओर कुआँ

['ताप के ताये हुए दिन' से]

समझ सुगबुगाई

समझ सुगबुगाई
नहीं तो कहीं से
धुन आई क्या आई

जो धुन है पहले से
मन की पहचानी
वही चले, चला करे
तो वही कहानी

चादर फिर फैलाई
फिर-फिर तहिआई

कहीं से अकेले में
किसी कंठ ने गाया
उसे अगर मेले में
कोई भी सुन पाया
तो सुनकर गति आई
या उठकर मुरझाई।

['ताप के ताये हुए दिन' से]

कोइलिया न बोली

मँजर गए आम
कोइलिया न बोली

बाटों के अपने
हाथ उठाए
धरती
वसन्ती-सखी को बुलाए
पड़े हैं सब काम
कोइलिया न बोली

पाकर नीम ने
पात गिराए
बात अपत की
हवा फैलाए
कहाँ गए श्याम
कोइलिया न बोली।

['तुम्हें सौंपता हूँ' से]

फूल मुझे ला दे बेले के

माली के छोकरे, माली के छोकरे
फूल मुझे ला दे बेले के

बेले की कलियों के गजरे बनाऊँगी
पाँच-पाँच लड़ियों के गजरे बनाऊँगी
हाथों में कंगन गले बीच हार
बालों में होगी लहरिया बहार
पूनम शरद् की रात आज आई है
फूल मुझे ला दे बेले के

चली गईं मेरी सखियाँ-सहेलियाँ
फूलों स भर-भर आई हैं बेलियाँ
छूटे घरौंदे छूटा गुड़ियों से प्यार
छूट गए खेल-खिलौने अपार
पूजा की साध आज मेरे मन जागी है
फूल मुझे ला दे बेले के

देख, लोढ़ लाना न कहीं निरी कलियाँ
खुल-खुल पड़ने को हों ऐसी कलियाँ
जाकर देखना लेना उतार
हौले-हौले हाथों से लेना उतार
कह देना, ऊर्मि तुम्हें न्यौता दे आई है
फूल मुझे ला दे बेले के

['तुम्हें सौंपता हूँ' से]

परिचय की गाँठ

यों ही कुछ मुसकाकर तुमने
परिचय की यह गाँठ लगा दी
था पथ पर मैं भूला-भूला
फूल उपेक्षित कोई फूला
जाने कौन लहर थी उस दिन
तुमने अपनी याद जगा दी

कभी-कभी यों हो जाता है
गीत कहीं कोई गाता है

गूँज किसी उर में उठती है
तुमने वही धार उमगा दी

जड़ता है जीवन की पीड़ा
निस्तरंग पाषाणी क्रीड़ा
तुमने अनजाने वह पीड़ा
छवि के शर से दूर भगा दी

['तुम्हें सौंपता हूँ' से]

पास

और, थोड़ा और, आओ पास
मत कहो अपना कठिन इतिहास
मत सुनो अनुरोध, बस चुप रहो
कहेंगे सब कुछ तुम्हारे श्वास

['अरघान' से]

हम साथी

चोंच में दबाए एक तिनका
गौरय्या
मेरी खिड़की के खुले हुए
पल्ले पर
बैठ गई
और देखने लगी
        मुझे और
                कमरे को।
मैंने उल्लास से कहा
                तू आ
                    घोंसला बना
                जहाँ पसन्द हो
शरद के सुहावने दिनों से
हम साथी हों।

['ताप के ताये हुए दिन' से]

बिल्ली के बच्चे

मेरे मन का सूनापन कुछ हर लेते हैं
ये बिल्ली के बच्चे, इनका हूँ आभारी।
मेरा कमरा लगा सुरक्षित, थी लाचारी,
इनकी माँ ले आई। सब अपना देते हैं

प्यार हृदय का, वह मैं इन पर वार रहा हूँ।
मन की अप्रिय निर्जनता-शून्यता झाड़कर
दुलराता हूँ इन्हें। हृदय का स्नेह गाड़कर
नहीं रखा जाता है। भार उतार रहा हूँ

मन का। स्नेह लुटाने से दूना बढ़ता है।
यह हिसाब की बात नहीं है, इस जीवन का
मूक सत्य है। इसीलिए जो भी कंचन का
करते हैं सम्मान उन्हीं के सिर चढ़ता है

मिट्टी का अपमान। कहाँ कब छूटा पीछा
प्यार करो तो प्यार करो क्या आगा-पीछा।

['दिगन्त' से]

अवतरिया

चिल्ला जाड़ा था। चिड़ियाँ तक पंख समेटे
अभी घोंसलों में थीं, सूरज उग आया था।
दो दिन पहले ओले ख़ूब पड़े थे। लेटे-
लेटे बाहर देख रहा था, दन्दाया था
मैं लिहाफ़ के अन्दर, बाहर गाढ़ा कुहरा
दौड़ रहा था, जब तब मुँह से भाप छोड़ता
देख रहा था उसकी लहरें। पर्दा दुहरा
था; कुछ पग के बाद दृष्टि का तीर तोड़ता
अपनी नोक लौट आता था। निकली नारी,
और पास आई, चीन्हा, अवतरिया थी, जो

मेले में हिरा गई थी। बोली, "लाचारी
मुझे फेर लाई, वह तजकर गया सरग को।"
प्रेम जागता जीवन यों तो दे जाता है,
मगर पेट के आगे वही हार खाता है।

['दिगन्त' से]

प्रभो, पुत्र वह माँग रही है

'प्रभो, पुत्र वह माँग रही है।' 'लिखा नहीं है।'
फिर गोस्वामी तुलसीदास और क्या कहते।
तो भी दासी की विनयों में बहते-बहते
तीन बार पूछा। प्रभु बोले, 'लिखा नहीं है।'
किनाराम ने सारी बात भेद की जानी।
गंगास्नान कर चली दासी, पीछे फक्कड़
ने एक दो तीन कह मारे उसको लक्कड़
और कहा, 'जा तुझे मिल गया।' औघड़ बानी
फुर हो गई। तीन बेटे वन्ध्या ने पाए।
तुलसीदास के चरण पथ पर छुए, बताया
जब पूछा, कैसे वरदान कहाँ से पाया।
प्रभु ने सेवक को समझाया, वचन सुनाए :
भाग्य करेगा क्या, यदि कोई जन अपना दे,
रिक्त पात्र को भर दे, जड़ में जीव पिन्हा दे।

['उस जनपद का कवि हूँ' से]

तुलसी बाबा

तुलसी बाबा, भाषा मैंने तुमसे सीखी
मेरी सजग चेतना में तुम रमे हुए हो।
कह सकते थे तुम सब कड़वी, मीठी, तीखी।
प्रखर काल की धारा पर तुम जमे हुए हो।

और वृक्ष गिर गए, मगर तुम थमे हुए हो।
कभी राम से अपना कुछ भी नहीं दुराया,
देखा, तुम उनके चरणों पर नमे हुए हो।
विश्व बदर था हाथ तुम्हारे उक्त फुराया,
तेज तुम्हारा था कि अमंगल वृक्ष झुराया,
मंगल का तरु उगा; देखकर उसकी छाया,
विघ्न विपद् के घन सरके, मुँह कहीं चुराया।
आठों पहर राम के रहे, राम गुन गाया।

यज्ञ रहा, तप रहा तुम्हारा जीवन भू पर।
भक्त हुए, उठ गए राम से भी, यों ऊपर।

['दिगन्त' से]

काशी का जुलहा

ब्राह्मण को तुकारने वाला वह काशी का
जुलहा जो अपने घर नित्य सूत तनता था
लोगों की नंगई ढाँकता था। आशी का
उन्मूलन करता था जिसका विष बनता था
जाति वर्ण अहंकार। क़ब्रें खनता था
मुल्लों-मौलवियों की झूठी शान के लिए
रूढ़ि और भेड़ियाधसान को वह हनता था
शब्द-बाण से। जीता था बस ज्ञान के लिए
गिरे हुओं को खड़ा कर गया मान के लिए।
राम नाम का सुआ शून्य के महल में रहा,
पन्थ-पन्थ को देखा सम्यक् ध्यान के लिए
गुरु की महिमा गाई, वचन विचारकर कहा।

साँईं की दी चादर ज्यों की त्यों धर दीनी
इड़ा पिंगला सुखमन के तारों की बीनी।

['दिगन्त' से]

ग़ालिब

ग़ालिब ग़ैर नहीं हैं, अपनों से अपने हैं।
ग़ालिब की बोली ही आज हमारी बोली
है। नवीन आँखों में जो नवीन सपने हैं
वे ग़ालिब के सपने हैं। ग़ालिब ने खोली
गाँठ जटिल जीवन की। बात और वह बोली
आप तुली थी; हलकेपन का नाम नहीं था।
मुख की आँखों ने दुख देखा और ठिठोली
की, यों जी बहलाया। बेशक दाम नहीं था
उनकी अंटी में। दुनिया से काम नहीं था
लेकिन उसको साँस-साँस पर तोल रहे थे।
अपना कहने को क्या था। धन-धाम नहीं था।
सत्य बोलता था जब-जब मुँह खोल रहे थे।

ग़ालिब होकर रहे, जोत कर दुनिया छोड़ी,
कवि थे, अक्षर में अक्षर की महिमा जोड़ी।

['दिगन्त' से]

मूर्तिपूजा

वाराहावतार की प्रतिमा औंड़िहार में
देखी, जलौघमग्ना सचराचरा धरा की
करुण मूर्ति मन में लहराई। विपद् वराकी
को क्या सहनी पड़ी। उसी के समुद्धार में
लग्न देव मुद्रा तक्षित थी। नराकार में
आगे-पीछे सुदृढ़ चरण, कर स्वयं त्वरा की
अभिव्यक्ति थे, स्फूर्तिमयी थी परम्परा की
यह छवि। सबकुछ का संमूर्तन था उभार में।

आए कुछ ग्रामीण, नत हुए और बजाया
भक्तिभाव से घंटा। बात किसी ने पूछी,
"कौन देवता हैं ये।" "बात कहूँगा आगे,"
कहकर वयोवृद्ध डगरा, उनको डगराया।
मैंने देखा प्रणति भक्ति दोनों हैं छूछी।
इनमें भाव कहाँ जो मूर्तिकार में जागे।

['दिगन्त' से]

सहस्त्रशीर्ष पुरुष

जनता का समुद्र वह, देखा शीश झुकाया,
तभी सहस्त्रशीर्षापुरुषः याद आ गया,
उन आँखों को देखा, सहस्त्राक्षः गाया।
चरणों को देखा, तो सहस्त्रपात छा गया
प्रतिबिम्बित होकर मानस में। मुझे भा गया
वह विराट् दर्शन। मैंने विश्वास पा लिया,
वह विश्वास जो विजय के नवगान गा गया।
गान के स्वरों से मैंने आकाश छा लिया,
जहाँ-जहाँ जीवन को देखा वहाँ जा लिया,
मेरे स्वर जीवन की परिक्रमा करते हैं।
गाता जाऊँगा, गाता हूँ, अल्प गा लिया,
भूल-चूक छोड़ो भी, गीत क्षमा करते हैं।

महाकुम्भ में देखा मैंने मानव-कानन,
मानचित्र था भारत का रेखांकित आनन।

['अरघान' से]

पर्वत की दुहिता

आने दो, आने दो, जनता को मत रोको,
पर्वत की दुहिता है, कब रुकने वाली है,
पथ दो, प्याऊ बैठा दो, चलते मत टोको,

बलप्रयोग देखकर कब झुकने वाली है,
हार थकन से क्या यह धुन चुकने वाली है,
रेल कसी है, बसें भरी हैं, बैलगाड़ियाँ
लदी-फँदी हैं; सिद्धि कहाँ लुकने वाली है
गिरि गह्वर कन्दरा गहन वन झाड़-झाड़ियाँ
सर सरिता निखात सागर का सार खाड़ियाँ
कहाँ मनुष्य नहीं पहुँचा है; पृथ्वीतल में
खान खोदकर जा पैठा, दुर्गम पहाड़ियाँ
उसे सुगम हैं, सारा व्योम नाप दे पल में।

आने दो, यदि महाकुम्भ में जन आता है,
कुछ तो अपने मन का परिवर्तन पाता है।

['अरघान' से]

महाकाल था

पलक मारने में जो उमड़ा भीड़-भड़क्का,
बाँध के शिखर से सरका, पट गया वह गढ़ा
जो नीचे था और अनवरत धक्कमधक्का
निगल गया सैकड़ों को। महाकाल था चढ़ा
अपने दल-बल से, फँसने वाला नहीं कढ़ा।
जिनकी साँस चल रही थी वे सब अचेत थे
और मृतों की हत्याओं के पाप से मढ़ा
था जैसे उनका चेतन स्तर, कटे खेत थे
मानो भीषण नाट्य के लिए, बचे प्रेत थे
आसपास जो घूम रहे थे, चौवाई है
जैसे नदी किनारे हिलते हुए बेंत थे,
कुछ ऐसे थे जैसे उन्हें टक्कबाई है।

मृत्यु अकेली भी तो बेध-बेध जाती है,
सामूहिक से छाती छलनी बन जाती है।

['अरघान' से]

गद्य-वद्य कुछ लिखा करो

गद्य–वद्य कुछ लिखा करो। कविता में क्या है।
आलोचना जमेगी। आलोचक का दर्जा–
मानो शेर जंगली सन्नाटे में गर्जा
ऐसा कुछ है। लोग सहमते हैं। पाया है
इतना रुतबा कहाँ किसी ने कभी। इसलिए
आलोचना लिखो। शर्मा ने स्वयं अकेले
बड़े–बड़े दिग्गज ही नहीं, हिमालय ठेले,
शक्ति और कौशल के कई प्रमाण दे दिए;
उद्यम करके कोलतार ले–लेकर पोता,
बड़े–बड़े कवियों की मुख छवि लुप्त हो गई,
गली–गली में उनके स्वर की गूँज खो गई,
लोग भुनभुनाए घर में, इससे क्या होता!
रुख देखकर समीक्षा का अब मैं हूँ हामी,
कोई लिखा करे कुछ, जल्दी होगा नामी।

['उस जनपद का कवि हूँ' से]

प्रगतिशील कवियों की नई लिस्ट निकली है

प्रगतिशील कवियों की नई लिस्ट निकली है
उसमें कहीं त्रिलोचन का तो नाम नहीं था।
आँखें फाड़-फाड़कर देखा, दोष नहीं था
पर आँखों का। सब कहते हैं कि प्रेस छली है,
शुद्धिपत्र देखा, उसमें नामों की माला
छोटी न थी। यहाँ भी देखा, कहीं त्रिलोचन
नहीं। तुम्हारा सुन–सुनकर सपक्ष आलोचन
कान पक गए थे, मैं ऐसा बैठाठाला
नहीं, तुम्हारी बकझक सुना करूँ। पहले से
देख रहा हूँ, किसी जगह उल्लेख नहीं है,
तुम्हीं एक हो, क्या अन्यत्र विवेक नहीं है।

तुम सागर लाँघोगे?–डरते हो चहले से।
बड़े-बड़े जो बात कहेंगे–सुनी जाएगी
व्याख्याओं में उनकी व्याख्या चुनी जाएगी।

['उस जनपद का कवि हूँ' से]

अपराजेय

हिन्दी की कविता, उनकी कविता है जिनकी
साँसों को आराम नहीं था, और जिन्होंने
सारा जीवन लगा दिया कल्मष को धोने
में समाज के, नहीं काम करने में घिन की

कभी किसी दिन। हिन्दी में सतरंगी आभा
विभव भूति की नहीं मिलेगी; जन जीवन के
चित्र मिलेंगे, घर के वन के सबके मन के
भाव मिलेंगे, बोए हुए खेत में डाभा

जैसे एक साथ आता है, कुछ ऐसे ही
वातावरण एक से भावों से छा जाता
है, फिर प्राणों-प्राणों में एकत्व दिखाता।
नेह उमड़ आए तो दूर कहाँ है नेही।

भाव उन्हीं का सबका है जो थे अभावमय,
पर अभाव से दबे नहीं जागे स्वभावमय।

['दिगन्त' से]

सूरज से मैंने कहा

हमसफर,
सूरज से मैंने कहा
पृथ्वी ने ज्यों ही दिखाया मुझे

और भी हैं,
हमसफर

तुम्हारे इस ग्रह पर
और आकाश की
तुम्हारी परिक्रमा में
और कई ग्रह हैं
और सहयात्रियों की
विस्तृत आकाश में
कुछ गणना हुई है
कुछ होती जा रही है
जैसे-जैसे बुद्धि
और आँख काम करती हैं;
मैं तो यहाँ
जीवन अजीवन के बीच हूँ
जीवन में गति है
अजीवन में भी है वही
यही गति, आज
एक नया दिन लाई है
ऐसा दिन
जैसा कोई और दिन
नहीं होता
वर्ष का पहला दिन
अब उत्तरायण है
फिरती है शीत लहरी
काँपते हैं पेड़-पौधे
प्राणी अपनी यति में
नए-नए अंकुर सुगबुगाते हैं
पत्ते पुराने पियरा चले
वैसी ही कथा है
जैसी कुछ पहले थी
केवल रंगरेग अलग-अलग
अपना-अपना है।

मेरी तरह
सभी कहाँ तुमको बुलाते हैं

सब अपने–अपने में मगन हैं
मेरी सुनो
और भी तुम्हारे हमसफर
देश–देश में तलाश कर रहे हैं
अपने आपे की
तुम सबका साथ दो।

['तुम्हें सौंपता हूँ' से]

ललक

(कालिदास से साभार)

हाथ मैंने
उँचाए हैं
उन फलों के लिए
जिनको
बड़े हाथों की प्रतीक्षा है।

फलों को
मैं देखता हूँ
जानता हूँ
चीन्हता हूँ
और
उनके लिए
मुझमें ललक भी है।

हाथ मैंने
उँचाए हैं
उन फलों के लिए
जिनको
बड़े हाथों की प्रतीक्षा है
डर नहीं है
हँसा जाऊँगा!

['तुम्हें सौंपता हूँ' से]

आशी:

पृथ्वी से
दूब की कलाएँ लो
चार

उषा से
हल्दिया तिलक
लो

और
अपने हाथों में
अक्षत लो

पृथ्वी–आकाश
जहाँ कहीं
तुम्हें जाना हो
बढ़ो
बढ़ो

['अरघान' से]

स्पष्टीकरण

मित्रो, मैंने साथ तुम्हारा जब छोड़ा था
तब मैं हारा–थका नहीं था, लेकिन मेरा
तन भूखा था मन भूखा था। तुमने टेरा,
उत्तर मैंने दिया नहीं तुमको : घोड़ा था

तेज़ तुम्हारा, तुम्हें ले उड़ा। मैं पैदल था,
विश्वासी था 'सौरज धीरज तेहि रथ चाका'
जिससे विजयश्री मिलती है और पताका
ऊँचे फहराती है। मुझमें जितना बल था

अपनी राह चला। आँखों में रहे निराला,
मानदंड मानव के तन के मन के, तो भी
पीस परिस्थितियों ने डाला। सोचा, जो भी
हो, आँखों की करुणा का यह शीतल पाला

मन को हरा नहीं करता है। पहले खाना
मिला करे तो कठिन नहीं है बात बनाना।

['दिगन्त' से]

निरहू ने, भाई, जब से

निरहू ने, भाई, जब से घर-बार सँभाला
तब से सब कुछ बदल गया है। उन्हें लड़ाई
अच्छी लगती नहीं, शान्ति का गरम मसाला
बाँट रहे हैं मुफ़्त सभी को। नहीं बड़ाई
करता हूँ, घर के अन्दर तो ज़रा कड़ाई
करनी पड़ती है। क्या कहिए, नौजवान तो-
गरम खून होता है, उनको गड़ी-गड़ाई
को उघाड़ना अच्छा लगता है, ज़बान तो
चलती है कैंची-सी, इन पर ज़रा ध्यान तो
देना ही पड़ता है, थोड़ी गोली-वोली
खाकर तनिक पटा जाते हैं, संविधान तो
इसे नहीं अच्छा कहता है, लेकिन बोली
करनी में अन्तर होता है, सिर पर आए
तभी पता चलता है, कोई क्या समझाए।

['उस जनपद का कवि हूँ' से]

नहीं चाहता, कभी तरस खाओ

नहीं चाहता, कभी तरस खाओ, इस जन पर,
अब तक दुख ही दुख जिसने देखा है जग में।
चलते-चलते जब थकने लगता हूँ, मग में
ध्यान तुम्हारा आ जाता है, चंचल मन पर

क़ाबू चलता नहीं, जहाँ चाहे जाता है,
तन तो मिट्टी है, उसका क्या, कहीं पड़ा है,
कभी स्तम्भ क्या चिल्लाता है जहाँ गड़ा है,
लोग समझते हैं कि गीत गायक गाता है।

गीत और सौरभ दोनों की गति न्यारी है,
आज जहाँ है, वहाँ नहीं कल। हमने देखा
है, दुनिया का तौर-तरीक़ा रेखा-रेखा,
जाने क्यों जीवन में इतनी लाचारी है।

लाचारी है, स्वतंत्रता है, अभिलाषा है,
और पराजय है, बन्धन है, परिभाषा है।

['अनकहनी भी कुछ कहनी है' से]

हँसकर, गाकर और खेलकर

हँसकर, गाकर और खेलकर पथ जीवन का
अब तक मैंने पार किया है, लेकिन मेरी
बात और है, ढंग और है मेरे मन का;
उसी ओर चलता है जिधर निगाह न फेरी
दुनिया ने। दुखों ने कितनी आँख तरेरी,
लेकिन मेरा क़दम किसी दिन कहीं न अटका—
घोर घटा हो, वर्षा हो, तूफ़ान, अँधेरी
रात हो। अगर चलते-चलते भूला-भटका
तो इससे मेरे संकल्पों को कुछ झटका
लगा नहीं। जो गिरता-पड़ता आगे बढ़ता
है, करता कर्तव्य है, उसे किसका खटका;
पग-पग गिनकर पर्वत-शृंगों पर हूँ चढ़ता।

आभारी हूँ मैं, पथ के सब आघातों का,
मिट्टी जिनसे वज्र हुई उन उत्पातों का।

['अनकहनी भी कुछ कहनी है' से]

हाथों के दिन आएँगे

हाथों के दिन आएँगे। कब तक आएँगे,
यह तो कोई नहीं बताता। करने वाले
जहाँ कहीं भी देखा अब तक डरने वाले
मिलते हैं। सुख की रोटी वे कब खाएँगे,
सुख से कब सोएँगे, उसको कब पाएँगे
जिसको पाने की इच्छा है। हरने वाले,
हर-हर कर अपना अपना घर भरने वाले,
कहाँ नहीं हैं। हाथ कहाँ से क्या लाएँगे।

हाथ कहाँ हैं, वंचक हाथों के चक्के में
बन्धक हैं, बँधुए कहलाते हैं। धरती है
निर्मम, पेट पले कैसे। इस उस मुखड़े की
सुननी पड़ जाती है, धौंसों के धक्के में
कौन जिए। जिन साँसों में आया करती है
भाषा, किसको चिन्ता है उनके दुखड़े की।

['फूल नाम है एक' से]

कर्म की भाषा

रात ढली, ढुलका बिछौने पर,
प्रश्न किसी ने किया,
तूने काम क्या किया

नींद पास आ गई थी
देखा कोई और है
लौट गई

मैंने कहा, भाई, तुम कौन हो ?
आओ। बैठो। सुनो।

विजन में जैसे व्यर्थ किसी को पुकारा हो,
ध्वनि उठी, गगन में डूब गई

मैंने व्यर्थ आशा की,
व्यर्थ ही प्रतीक्षा की।

सोचा, यह कौन था,
प्रश्न किया,
उत्तर के लिए नहीं ठहरा
मन को किसी ने झकझोर दिया
तूने पहचाना नहीं?
यही महाकाल था
तुझको जगा के गया
उत्तर जो देना हो
अब इस पृथिवी को दे
कर्मों की भाषा में।

['चैती' से]

कवि शमशेर से

(शमशेर के जन्मदिन के अवसर पर)

आपत्काल स्वदेश और जन को जैसा मिला है अभी
वैसा और कभी न था। समय ने क्या क्या दिखाया नहीं।
सारा देश विवर्ण है, विकल है, अत्यन्त उद्विग्न है,
लांछा से हतदर्प है, व्यथित है, विक्षुब्ध है, श्रान्त है।

सोचा है, विनियोग आज अपना कैसे, कहाँ, क्या करूँ,
क्या बोलूँ, हृदयानुसारि भाषा मेरी अभी स्तब्ध है,
स्तब्धीभाव असंगतार्थ बन के बाधा दिखाता हुआ,
प्राणों को अवसन्न छोड़ करके जाने कहाँ व्यस्त है।

ऐसे में कवि, आज जन्मदिन की क्या भेंट आगे धरूँ,
सूने में जिसको सहेजकर ही उल्लास पाऊँ। इसे
भावोच्छ्वास न मानना, हृदय का एकान्त आह्वान है,
अन्तर्वृत्ति दुराव छोड़ सहसा आई यहाँ शब्द में।

तारुण्याश्रित प्राण मार्ग अपने नेत्रों अभी देखते
बैठे हैं। उनको तुरन्त रण का आदेश ही चाहिए,
वाणी क्या कवि की नवीन महिमा, उज्जीवनी शक्ति, से
लाएगी उनको साहस पथ में साक्षी जहाँ कर्म है।

संकल्पाश्रित आत्मतेज जग में जागे, मुमूर्षा हटे,
प्राणों का अवसाद जाय। मन में उत्साह का, मान का,
आ जाए वह ओज-तेज फिर से, मानी जिसे प्राण से,
ऊँचा आसन दे शरीर तज के मार्तंडभेदी रहे।

बोएँगे हम कर्म क्षेत्र अपना, आत्मा नया बीज है,
सींचेंगे लग के प्ररोह इसके, थोड़ा नहीं रक्त है।
कोई हो अब और आक्रमण का दुर्योग देंगे नहीं,
खेती मानव की हरी लहलही फैले-बढ़े प्यार से।

ऊषा का अनुराग पूर्व नभ से हेमाद्रि के शृंग को,
वर्णालंकृति दे, समस्त वसुधा सुस्नात हो; मुक्ति से,
अन्वेषी अभिमान मान अपना पाएँ। सुधी तृप्त हों,
प्राणों को यह ज्योति दिव्य कर दे, सद्‌भाव धारा बहे।

गाते हैं हम गान नित्य सबके, पाया इन्हें खोज के,
रक्षा में इनकी मनुष्य अपना होगा खड़ा दर्प से,
ये ही जीवन स्रोत हैं, चयन हैं अव्यर्थ सन्धान के,
सन्धानोत्सुक प्राण स्पर्श करके आएँ, सुधासार लें।

काव्यों का अनुगान भावमय हो, पाथेय हो, तेज हो,
सोतों का चुपचाप हाथ पकड़े, लाए उन्हें क्षेत्र में।
द्रष्टा हो तुम, मौन गान मन के देते रहे हो यहाँ
प्राणाकार। अभिन्न भाव भर के फूलो-फलो वृक्ष-से।

['चैती' से]

मैं कृतज्ञ हूँ

नहीं हूँ किसी का भी प्रिय कवि मैं
ज़रा देर से ही सही मुझे यह ज्ञात हुआ

आज मैं कृतज्ञ हूँ
जाने-अनजाने हर किसी का
और यह हर किसी का व्यूह
मुझे त्रासता नहीं है
एक-एक को मैं अलगाता हूँ
पास चला जाता हूँ
कन्धे पर हाथ रखकर कहता हूँ
अपनी कहो।

अपना ज़माना ज़रा और है
कोई किसी की नहीं सुनता
तो भी हर कोई हर किसी के पास खड़ा है
हर कोई अपना अधिवक्ता है

ऐसे में
कोई यदि प्रिय कवि है
तो यह उस कवि के लिए अच्छा है
कविता से मिलता ही क्या कुछ है
रॉयल्टी के थोड़े पैसे मिल जाएँ यही बहुत है
पैसों का अर्थ आज कौन नहीं जानता
(माँगकर खाना असम्भव है, देगा कौन)
चर्चा हो तो भी कम लाभ नहीं
भाषा बाजार की है बात मगर जी की है

यदि मेरी बात मेरी भाषा के ओठों को
पार नहीं कर पाती तो भी क्या बुरा है
कह-कहवाव से भी अलग
कभी-कभी बात होती है

मेरी कविताओं के सपने सब मेरे हैं
मुझे तो प्रसन्नता है
यदि मेरे सपनों को कोई भी नहीं कहता
मेरे हैं।

['चैती' से]

हरा भरा संसार है

हरा-भरा संसार है आँखों के आगे

ताल भरे हैं, खेत भरे हैं
नई-नई बालें लहराए
झूम रहे हैं धान हरे हैं
झरती हैं झीनी मंजरियाँ
खेल रही हैं खेल लहरियाँ
जीवन का विस्तार है आँखों के आगे

उड़ती-उड़ती आ जाती हैं
देस-देस की रंग-रंग की
चिड़ियाँ सुख से छा जाती हैं
नए-नए स्वर सुन पड़ते हैं
नए भाव मन में जड़ते हैं
अनदेखा उपहार है आँखों के आगे

गाता अलबेला चरवाहा
चौपायों को साथ सँभाले
पार कर रहा है वह बाहा
गए साल तो ब्याह हुआ है
अभी-अभी बस जुआ छुआ है
घर घरनी परिवार है आँखों के आगे।

['सबका अपना आकाश' से]

चाँदनी रात, नीरव तारे

चाँदनी रात, नीरव तारे, मैं एकाकी, पथ सोया है

सन्नाटा है या कुहरा है
बढ़ता जाता है गहरा है
इस कुहरे का ही पहरा है
दिन में जो जग था खुला-खुला इस श्वेत लहर में खोया है

चलती है हवा ठहरती है
पत्तों को चंचल करती है
जड़ता पेड़ों की हरती है
स्वर जगता है सो जाता है जिसको धरणी ने बोया है

उठती है मन की मौन लहर
धीरे-धीरे कुछ ठहर-ठहर
भटकी-सी पथ पर सिहर-सिहर
कुछ चित्रों में कुछ गीतों में सारा इतिहास सँजोया है

साँसों की ध्वनि सुन पड़ती है
अपनी ही विधि क्या अड़ती है
प्राणों में जाकर गड़ती है
दो ही पैरों की ध्वनि सुनकर किसने यह जीवन ढोया है।

['सबका अपना आकाश' से]

आँसू बाँधे हैं मैंने

आँसू बाँधे हैं मैंने गठरिया में
अपने भी हैं और पराए भी हैं ये
उपराए हैं तो तराए भी हैं ये
आप आ गए हैं बराए भी हैं ये
साधे हैं मैंने कन-कन डगरिया में

देखा ये पत्थर के ऊपर चुए हैं
चुपके से चू-चू कर चुप हुए हैं
सूने में अटके अभी अनछुए हैं
काँधे हैं मैंने बढ़ के नगरिया में।

['सबका अपना आकाश' से]

बरवै

दाउद महमद तुलसी कइ हम दास
केहि गिनती मँह गिनती जस बन-घास।

साँसें पकरे हम भाषा धुरियानि
पानी पाएँ ई कन-कन हरियानि।

मृतकजियावनि मुसकी देखि तोहारि
बिसरी सम्मइँ चोट भूलि गइ हारि।

केकर पूजा करी परा मन सोच
तोहँका जइसे लखे छूटि गा दोच।

भरत भरत जिउ जाइ कबहुँ न भराइ
अनुदिन पेटे लागि कलेस खराइ।

अनदेखा के कवन मान अपमान
अपनी सरङी रेतइ अपनिह तान।

झोलिआवा दुख जेतना आवा जात
मूँठी मूँठी ओकाँ चला चबात।

दुक्खम सुक्खम जे दिन आइ ढकेलि
हारे जीते नीकें जानेसि खेलि।

रचना देखत बिसरइ रचनाकार
तब रचना कइ रूप होइ उजिआर।

बहुरूपा रचि रचि रूपन कर जाल
हमका पकरिउ जइसे मछरी ताल।

छानि बान्हि के बेंची जाति बयारि
जउ एतनी एहि तरे न होति सयारि।

भींजत बसकाले जड़ात जड़काल
अउ घमात जेठे खेतिहर कइ खाल।

बेझि के कहेसि पवन बसन्त रितु आइ
पीपर चिलबिल महुआ गए नङ्ङाइ।

पावइ केउ तउ ठीक न पावइ ठीक
कविता कबहुँ न चली एक धइ लीक।

चिरई उड़तइ डउडी हालइ लागि
कवनि बेकलई ओकाँ चालइ लागि।

['अमोला' से]

मेरा घर

पृथिवी मेरा घर है
अपने इस घर को
अच्छी तरह मैं ही नहीं जानता

भीत नहीं दीसती
दुआर भी नहीं है
मोहार का पता नहीं चलता

भटक रहा हूँ
यही जीवन है

हाथों में वायु है
आँखों में आकाश
सूरज की आभा से
देखता हूँ
चाँदनी थोड़ा झलकाती है
थोड़ा छिपाती है

तारे सब
सहचर हैं मेरे
पेड़ अपनी उँगलियों टहनियों को
हिला-हिलाकर मुझे बुलाते हैं
कानों में कहते हैं
आओ-आओ यहाँ मेरे पास
बैठो ज़रा सुस्ताओ

लम्बी साँस लेकर
बैठ जाता हूँ और
ऊँचे स्वर में

बोल पड़ता हूँ मैं
सर्वे भवन्तु सुखिनः।

['मेरा घर' से]

कविताएँ हाथ हैं पाँव हैं

कविताएँ रहेंगी तो
सपने भी रहेंगे

जीने के लिए
सपने सभी को
आश्वासन देते हैं
भँवर में झकोरे
खाती नाव को
जैसे-तैसे
उबार लेते हैं।

कविताएँ
सपनों के संग ही
जीवन के साथ हैं
कभी-कभी पाँव हैं
कभी-कभी हाथ हैं।

['मेरा घर' से]

उत्तर खो गया है

मुट्ठियाँ हैं बन्द
उनमें कुछ नहीं है
हाथ खाली हैं
कोई देखे क्यों
काम हो तो हो।
यह अकेलापन
इस तरह असहाय
बचे कोई किस तरह

सुनाई पड़ती है
हाय-हाय।
कहाँ है समाज?
अपना राज,
कौन उत्तर दे
प्रश्न
केवल प्रश्न
उत्तर खो गया है।

['मेरा घर' से]

भौंहों का इन्द्रधनु

गर्मियों में
इन्द्रधनु
जो
भौंह पर
आकर
टिका था
उसे
मैंने
बादलों को
दे दिया
इन्द्रधनु
आकाश में ही
भला लगता है।

['मेरा घर' से]

आदमी की गन्ध

आदमी को जब तब आदमी की जरूरत होती है। जरूरत होती
है, यानी, कोई काम अटकता है। तब वह एक या अनेक
आदमियों को बटोरता है। बिना आदमियों के हाथ लगाए
किसी का कोई काम नहीं चलता।

गाँव में ही मैंने अपना बचपन बिताया है। जानता हूँ लोग अपना काम सलटाने के लिए इनको उनको भैया, काका या दादा आदि आदर के स्वर में बुलाते हैं और काम लेते हैं। कुछ मजूर होते हैं कुछ थोड़ी देर के लिए सहायक होते हैं। जो सहायक होते हैं उनके यहाँ ऐसे ही मौकों पर खुद भी सहायक होना पड़ता है; इसमें यदि चूक हुई तो मन भीतर ही भीतर पितराता है। जिसकी ओर चूक हुई उसकी ओर लोग बहुधा आदत समझ लेते हैं।

गाँवों का काम इसी तरह चला करता था और अब भी चलता है। पहले के गाँव अब बहुत बदल गए हैं। कामों का ढंग भी बदला है। खेती-सिंचाई पाती और घरबार का रूप-रंग और ढंग बदला है। गाँवों में अब जिनका पेट नहीं भरता वे शहर धरते हैं। शहरों में बड़े-बड़े कारखाने होते हैं। गाँवों के लोग इन्हीं में से किसी एक में जैसे-तैसे काम पा जाते हैं। कोई साइकिल रिक्शा किराए पर लेकर चलाते हैं।

शहरों में आदमी को आदमी नहीं चीन्हता। पुरानी पहचान भी बासी होकर बस्साती है। आदमी को आदमी की गन्ध बुरी लगती है। इतना ही विकास, मनुष्यता का, अब हुआ है।

['मेरा घर' से]

तुम्हारे साथ

भीड़ में तुम्हीं को
खोज रहा था

तुम्हारे साथ चलता था
रुकने पर रुकता था
पर तुम्हें बताना नहीं चाहता था
अपना काम

मुँह पर तुम्हारे
वह हँसी देखता था
जिसे देखने की इच्छा
और होती थी

पाँव लिये चलते थे यों मुझको

हँसी वह
लता-सी खिल उठती थी गति से हिल उठती थी
जा-जाकर आती थी उन सुडौल कन्धों पर
भीड़ में वही तो खोज रहा था।

['मेरा घर' से]

और क्या चाहिए

जी रहा हूँ ठीक वैसे ही अभी तक
पेड़ जैसे आम का चुपचाप
और अपने मूल-दल से ले रहा हूँ
सुरस जीवन का ज़रूरी ताप

हवा जितनी चाहिए लेता रहा हूँ
और पानी पी रहा हूँ मौन
कौन जीवन किस तरफ किस ओर
बना है, यह जानता है कौन

हवा चलती है कभी तो मन्द
कभी अपने वेग से अति उग्र
देखता हूँ बादलों को पवन रथ पर
जल-भरे काले कभी हैं शुभ्र

क्षितिज तक फैला हुआ आकाश
ढके मेघों से दिशाएँ देश
रिमझिमाहट, बिजलियों की चमक, जैसे
ध्वनि तरंगें बहुत-सी हैं शेष

शिशिर में ही एक दिन बिलकुल अलक्षित
उमड़ते हैं रंग भरकर बौर
यही तो अनुभूतियाँ हैं, कल्पनामय
मैं कहीं हूँ चाहिए क्या और।

['मेरा घर' से]

मरने में क्या है

मरने में क्या है। जो जब चाहे मर जाए।
लड़की, तूने क्यों ठानी, ना, खींच लिया था
तुझे मरण ने। तूने तो कुछ नहीं किया था
केवल सपने पाले थे। सपने ही लेकर जाए
किधर पाँव संकोची, अपने भी घर जाए
तो बेगाना बने। तुम्हारे कहाँ हिया था
जो यह भी सह जाता। घुन्ना बड़ा जिया था
मान-मनाव न पाए तो दम में भर जाए।

नहीं, मरण ने नहीं तुझे बढ़कर खींचा था
अगर खींचता तो क्यों तुझको लौटा देता
उसने देखा होगा बड़ी मानिनी है यह।
एक अपरिचित कवि की आँखों ने सींचा था
तेरा तप्त हृदय जो सबको औटा देता
तू चल-फिर उठ-बैठ सँभाले पीड़ा संग्रह।

['मेरा घर' से]

ईख पकने पर—एक

उष:काल

ईख काटी गई
एक-एक बोझ

सामने रखकर
लोग पत्तियाँ छोलने लगे

छोलते-छोलते
लोगों की उँगलियाँ
कठुआ चलीं
और उन उँगलियों की पकड़
ढीली पड़ने लगी

पत्तियों को इकट्ठा करके
छः-सात
जो ईख छोल रहे थे
कौड़ा सुलगाकर

घेरकर बैठ गए
हाथ सेंकने लगे
हाथ कुछ गरमाते ही
ईख छोलने लगे

घंटे-डेढ़ घंटे का काम है
अगर ठंड से उँगलियाँ
फिर से कठुआ गईं
फिर हाथ सेंक लिये
और छोलने लगे

बहुत लोग
पशुओं के
चारे के लिए
गेंड़ लेने पर
ईख छोलते हैं
और अपनी छोली ईख
कोल्हाड़ तक
पहुँचाते हैं।
ईख पक जाने पर

ईख के खेतों में
ऐसा ही होता है।

['मेरा घर' से]

ईख पकने पर–तीन

पूरी समाई तक
कड़ाह जब
भर गया रस से
झोंकवा झोंकने लगा
पत्तियाँ
सूखी हुई टहनियाँ, पत्तियों सहित, ढाक की
मोंहकड़े से

दिन थोड़ा शेष था
कड़ाह गरमा चला
और आँच पाकर
रस के ऊपर मही जमने लगी
धीरे-धीरे

मही की परत जमी
उसे पौने से लेकर
बट्टे में डालने लगे
बैलों को सानी में,
खिलाने के लिए

रस
खौल-खौलकर
गाढ़ा जब हो चला
बुँदकियाँ फूटने लगीं
हवा में मीठी गन्ध
फैल गई

कहा
ं जो भी मिले, लाओ,
हीं मिला,
चा
हीं मारा

लया
दो बच्चे हुए
झा दिया, वह बड़ा भाई है
करना
दूर एक हाथी दिखा
ने को हुए
ा और घर ले गया
पालतू बेटे को
या–

म में दक्ष हो, दर्शनीय हो
जन्मे हो वहाँ हाथी नहीं मारते।

['जीने की कला' से]

थ छूट जाएगा

जब पाग लेने को
पगवा बुलाया गया
उसने देखा, कहा,
अभी और झोंकना है
पगवा कड़ाह के किनारे
बैठा रहा
बार-बार गुड़ के पक जाने का
तार लेता हुआ

पगवा ने गाढ़े रस की
एक बूँद
जुड़वाने पर
गोली बनाई
और गोली बन गई

झोंकवा से उसने कहा
झोंकना अब बन्द करो
और थोड़ी देर बाद
कड़ाह से निकालकर
चकरे पर गुड़ को फैला दिया

घंटे-दो घंटे में
जब ठंडा हो गया
तब भेली बाँधने वाले
फैले और जमे हुए गुड़ को
हाथों में ले-लेकर
भेली बाँधने लगे

पहली पाँच भेलियाँ
अँगऊँ रख दी गईं
भेलियाँ बन जाने पर
सबको गुड़ दिया गया
फिर कड़ाह को धोकर

जो पनुआ निकला
आए हुए जनों को
पूछकर पिलाया गया।

['मेरा घर' से]

बाबू–एक

[तीन वर्षीय बाबू (शिवांक)
के लिए खेल खेल में]

पकड़ो पकड़ो
बाबू भागे

भाग भाग के
बाबू नाचे
नाच नाच के
बाबू भागे

बाबा पीछे
बाबू आगे
पकड़ो पकड़ो
बाबू भागे!

['मेरा घर' से]

बाबू–तीन

हर–हर गंगे
बाबू नंगे
... ...
कपड़ा पहने बाबू नंगे
हर–हर गंगे!

['मेरा घर' से]

नि:स्वास छोड़-छोड़कर
आदमी कुछ अच्छा था

दुनिया है
यहाँ कोई
अक्षयवट नहीं है
आया सो जाएगा
अमृत नहीं पिया है
मैंने कभी
मिला कहाँ

और मेरे पूर्वज भी
अमृत से अपरिचित थे
पैदा हुए
जिए जितना जीना था
एक दिन सब मर गए
मुझको किताबों में
उनके नाम मिलते हैं
नाम क्यों मिलते हैं
उन्होंने अनोखा कोई
काम किया
उनके समूह
शेष विश्व के जन भी
उन पर
जब जी चाहा
कभी ध्यान करते हैं

मैंने करने जैसा
क्या कोई काम किया
शब्द ही तो थे केवल
खेलता रहा जिनसे
मैं जी-भर
कुछ होंगे आगे भी

जिनका नाता होगा शब्दों से
वे ही उन शब्दों को देखेंगे
जिन्हें मैंने
बाँधा है

मुझे अपने मरने का
थोड़ा भी दुख नहीं
मेरे मर जाने पर
शब्दों से
मेरा सम्बन्ध
छूट जाएगा।

['मेरा घर' से]